森の国から届いた
おばあちゃんの知恵

文＆絵
ヴィルヘルム グドュルン

WAVE 出版

はじめに

私がはじめて日本に来たとき、驚いたことがたくさんありました。日本人にとってはなんら特別なことではないかもしれませんが、ドイツ人の私にとっては小さなヒントや工夫となり、今でも私の暮らしに役立っています。

たとえば、スープや汁ものの味見をするときに、舌を火傷しないようにいったん小皿に注いでから飲むこと。日本の人々にとってはあたりまえのことのようですが、ドイツではあまり知られていません。

料理教室をしていて気づいたのですが、生徒さん達も私があたりまえと思っている小さなことに感動していました。バターを使いきるために包み紙をキャセロールの内側にこすりつけたり、年間カレンダーに貼ったりはがしたりできるマスキングテープを使っていることなど、私が何も考えずに自然としてしまうことにみんなは驚き、小さなヒントとなったようでした。

私の友達もドイツの日常についてたくさん尋ねてくれました。私は喜んで覚えている限りを教えました。私の祖母や母、義母などから伝えられた「おばあちゃんの知恵袋」も思いっきり使いました。そのときに語ったヒントや工夫、エピソード、レシピなどをまとめたのが本書です。

この本は上手な家事のための参考書ではありません。

とても個性的なドイツのおばあちゃんの知恵の集まりです。

2013年3月

ヴィルヘルム・グドュルン

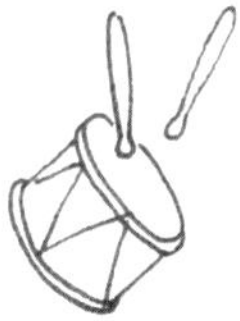

1 リズムのある暮らし

2 自然に寄り添う暮らし

3 物語のあるレシピ

4
おばあちゃんから教わった暮らしの知恵

コラム

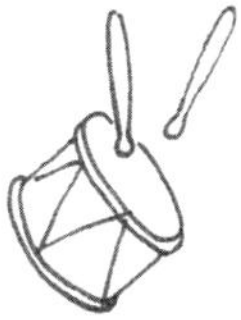

1

リズムのある暮らし

長く使うものは慎重に、おしゃれのアクセントは直感で

私はベビーカーや登山用の靴など安全性を求められるものや、カメラやテレビなど長く使いたいものを買うときは、それが確かな商品か、価格に見合う働きをするかどうか、とても慎重に選びます。

インターネットの情報でだいたいの見当をつけ、実際に店舗に行って使い勝手を調べ、買うと決めたらメーカーのサポートデスクに電話して、その対応の善し悪しで判断します。サポートデスクがユーザーの質問にきちんと答えられるかどうかは、その会社のものづくりの姿勢につながると思っているからです。ものを買うときの決め手として「長く使えるか」というのは、とても重要なポイントです。

私は、たとえ一時期しか使用しないものでも、できるだけ次世代まで使えるものを購入したいと思っています。息子が生まれたとき、私は母からスリングをもらいました。これは母が姉と私を育てたときに使用したもので、オーガニックコットンでつくられた日本の帯のような形状のものです。私は洗い替え用に母にもらったスリングと同じメーカーのスリングをひとつ買い足し、2本を交互に使いました。

このスリングはいろいろな抱き方ができますし、子どもが抱っこの必要がない年になっても、木に結びつけてハンモックとしても使用できます。母にもらったスリングは今でも劣化していないので、頑丈さでもお墨つきです。

このように、シンプルで用途の幅が広く、安全な質のいい素材でつくられていて、世代を超えて使えるほど頑丈なもの。これは私が長く使いたいものの選ぶ基準です。ただ色のきれいなスカーフやはやりのデザインの靴など、ファッションのアクセントになるようなものはそのときの気分で買い物をします。長く使うものは慎重に、おしゃれのアクセントは直感で。これが祖母や母から教わった私の買い物の流儀です。

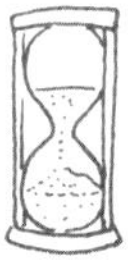

静かに休む時間をもてば暮らしにリズムが生まれる

今は子どもを育てているので、なかなか静かな時間をもつことはできませんが、以前は一人で静かな森を散歩することもよくありました。

昔からドイツには「静けさ」を大切にする2つの時間帯があります。ひとつは「Mittagsruhe」というお昼の静けさで、12時から13時の間はできるだけ静かに過ごすように努めます。とくに、病院や住宅街などでは、その時間帯に掃除機や洗濯機など音の出る道具を使おうものなら、近所からクレームがくるでしょう。その時間帯を静かに過ごすことを賃貸契約の内容項目に入れている物件もあるほどです。

もうひとつ、22時から翌朝6時までは「Nachtruhe」という夜の静けさが求められます。この間に騒音を立てている人がいると警察を呼ぶことができます。

静けさを表現する2つの言葉に入っている「ruhe」とは、「静か」という意味の他に「休養・安息」という意味もあるのです。

ドイツで昼寝をするのはお年寄りと赤ちゃん、育児に疲れているお母さんたちくらいで、他はあまり昼寝をしません。睡眠は私的なものですから、電車やバスなど公共の乗りものやオフィスなど他人がいる場所で寝てしまうと、「落ちぶれた人」「ろくでなし」などと思われます。

そんなことにならないように夜ぐっすり眠ることがとても大切です。そのためにも朝起きたらしっかりと朝日を浴びる、散歩してからだをよく動かす、夜の食事を軽くするなどのことが睡眠の質をあげてくれます。静かに休む時間をもつことは、暮らしにリズムをつけることに役立ち、心とからだをリセットしやすくしてくれます。

To Do リストは大好きな場所でつくる

東京に住んでいた頃は、毎週金曜日の朝に夫とともに近所のドーナツショップに出かけて、朝ごはんを食べながらお互いのスケジュールをすり合わせるようにしていました。

私たちは今、小さな子どもを育てていますし、それぞれに仕事をもっているため、やらねばならないことをたくさん抱えています。それらをあらためてリストアップして翌週の予定に組み込むことはあまり楽しい作業ではありませんが、大好きなドーナツとおいしいコーヒーをご褒美にすることで、少しでも楽しめるようにしていたのです。

私たちのスケジュールの組み方は至ってシンプルです。まず、前の週にやろうと思っていたことで実行できなかったことや、予定変更になったことなどをリストアップします。

次に、翌週に入っている仕事やアポイント、窓の掃除や衣替えなど家のことで気がついたことをリストに加え、それらを2人でやらなければならないこと、どちらか一方が担当すればすむことなどに振り分けて、緊急にやるべきかどうかを判断していきます。

部屋の掃除や整頓は日常作業の中である程度整えていますが、玄関の掃除や引き出しの整理など緊急性のないことは、ついつい後回しにしてしまいがちです。でもそれが何度も続くと、ドアや引き出しを開けるたびにうんざりして、よどんだ空気を味わうことになるので、できるだけ気づいたその場で手をつけるようにしています。

また、ガチガチに予定を入れ込んで、何がなんでも実行しなければと気負ってしまうと日々にゆとりが生まれません。ときには何もしないでぼーっとする時間もほしいので、急ぐ必要のない予定には優先順位をつけて、そのうちの上から3つだけは実行しようと決め、それ以外のことは少しゆるめにとらえて過ごしています。

子どもが熱を出したときなど、突発的に動かなければならないこともありますが、ある程度予定がたっていることで慌てずにすみますし、やらなければならないことを把握して先にすませてしまえば、安心して残りの時間を楽しむことができます。

また、スケジュールを長期的に把握するために、私は年間カレンダーをリビングの壁に貼って使用しています。左のページでご紹介したようにマスキングテープを使うのがおすすめです。予定の内容を仕事のこと、家のこと、子どものことなどに振り分けてテープの色を変えておくと、用事が重なってしまったときに優先順位もつけやすくなります。

それと合わせて携帯するスケジュール帳は一日1ページ仕様のノート型ダイアリーを使用しています。その日の予定だけでなく、夕食の献立なども詳しく書き込むと、あとで振り返るときも記憶のフックになるし、スペースが大きいのでさまざまなことを一元管理できます。また、予定をカレンダーに使用したマスキングテープと同系色のペンを使うと、スケジュールを整理しやすくなります。

Selbstmanagement

年間カレンダーに
マスキングテープを
貼って、
その上に用事を
書き込んでおいたら、
予定変更に
なった場合などに、
また貼り直すことができるし、
カレンダーもカラフルで
見た目が楽しくなります。

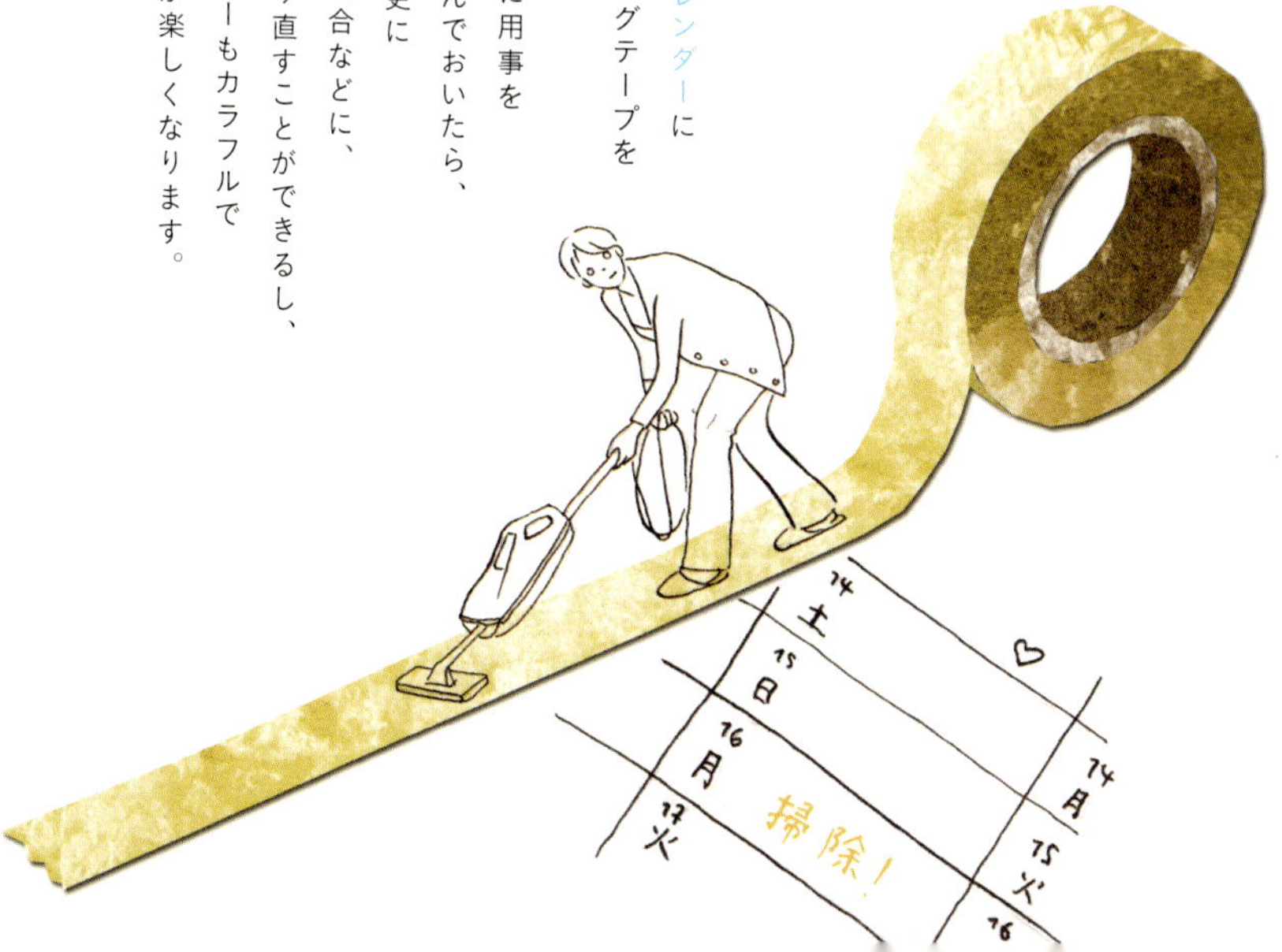

平日の食卓はシンプルに 休日はエレガントでゴージャスに

私が生まれ育った南ドイツでは、結婚式のお祝いに食器をフルセット揃えてもらうことがよくあります。あらかじめ好きな食器を決めて友人や家族に伝え、それぞれが大皿、ボウルなどを1セットずつプレゼントしてくれるのです。

そうして揃えた食器は大切に使い続けて、娘や孫にそのまま受け継がれます。かつては、女性は子どもの頃からリネン類に自分の名前や飾りを刺繍して、嫁ぎ先にもっていくという風習もありましたが、最近ではあまり見られなくなったようです。

私の家には祖母や母にもらった食器やリネン類に加えて、旅先で買ったものや手づくりしたものなど食卓を彩る小物がたくさん揃えてあって、それらを季節やその日のメニューに合わせて使い分け、食卓をイメージチェンジさせています。

忙しい平日の食卓はカジュアルなスタイルですが、週末の食卓は祖母が使っていた金の縁取りが施された食器を使ってエレガントにしつらえます。キャンドルや花をいつもよりゴージャスにして、BGMを用意することもあります。

子どもの頃、姉と私はテーブルセッティングの係でした。食事の前になると、庭に花を摘みに行ったり、姉とどちらがきれいにナプキンを折ることができるか、比べっこしたりしながら食事の準備を手伝いました。

子どもが生まれてからは、食卓を飾る余裕がないときもありますが、白いお皿の上にきれいな柄のナプキンをくるくるっとロールして置くだけで、ずいぶんと華やぎます。これも、子どもの頃に覚えた手のかからないセッティング法です。

それからもうひとつ、陽の光も素敵な食卓に欠かせない要素です。私の両親の家では食事できる場所が家の中に2カ所、庭に3カ所あって、お天気のいい日の朝ごはんと昼ごはんは、庭の陽当たりのいい場所でいただきます。夏、太陽の下で飲む絞り立てのフレッシュジュースは格別です。

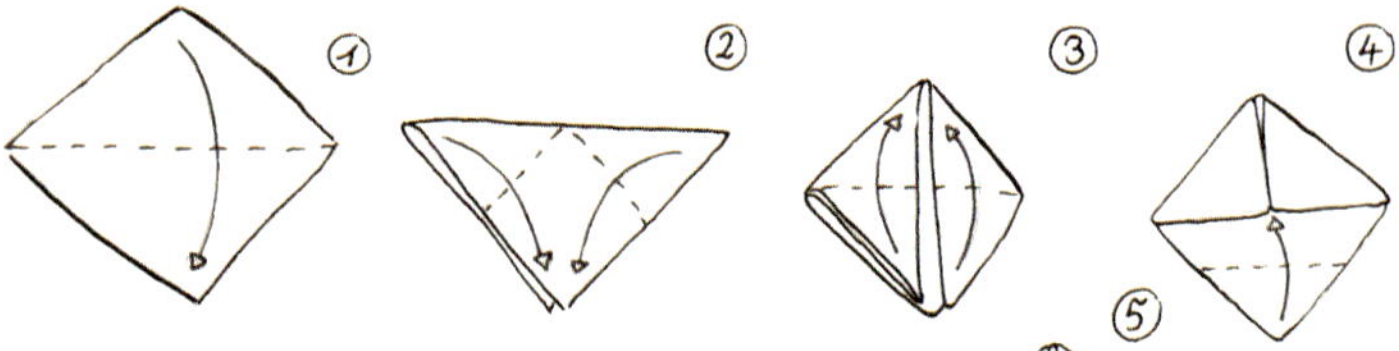

Serviettenfalten

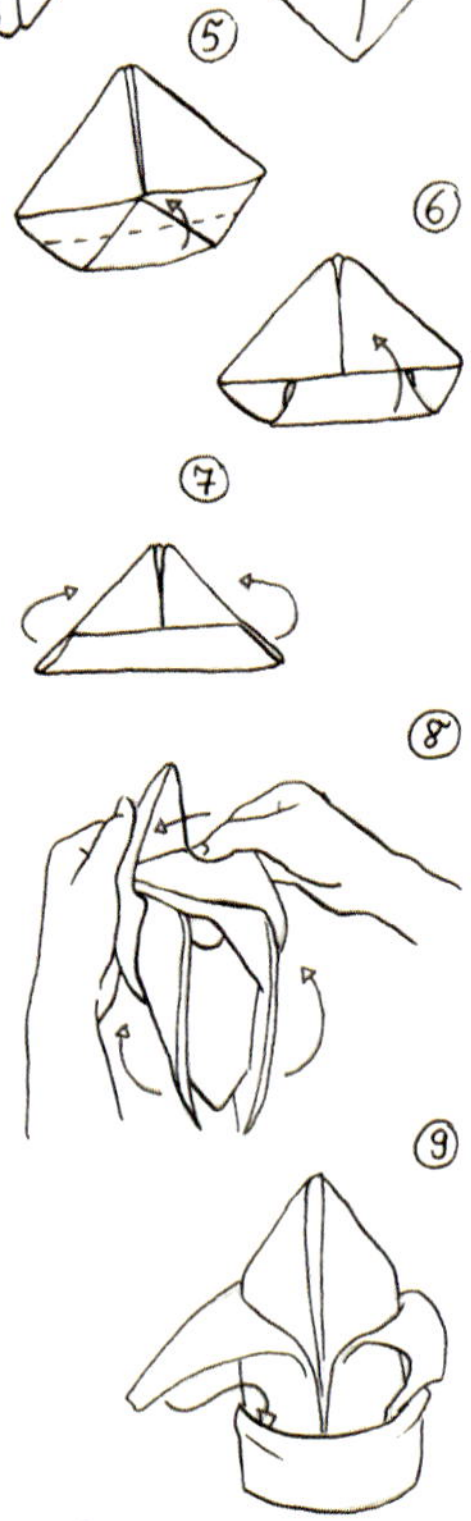

布ナプキンはテーブルクロスと同じ生地を用い、40～50cm角くらいが使いやすいでしょう。
紙ナプキンは種類が豊富で、いろいろな柄を楽しめるので、毎日の食事や人数の多いパーティのときなどに重宝します。

好きな人にご飯をつくり、
きれいに折り畳んだナプキンの
袋部分に花を差しておくと
愛の印になります

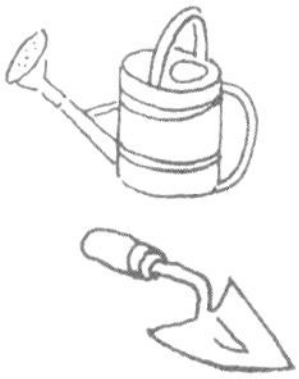

今あるもので工夫すれば暮らしに個性が出る

ドイツに伝わる古いことわざに、「プフェーニッヒ（Pfennig）を尊敬しない人は、ターラー（Thaler）をもつ資格がない」というものがあります。ターラーとは16世紀以来数百年にわたってヨーロッパ中で使われた大型の銀貨で、プフェーニッヒの価値はその１００分の1。つまりこのことわざは、日本でいう「1円を笑うものは1円に泣く」と同じような意味をもつのです。

ドイツ人は節約に長けているとよくいわれますが、お国柄に関わらず、お金の大切さを知っている人は、自ずと節約を心がけるのではないでしょうか。

私自身、歯磨き粉が残り少なくなったらハサミでチューブをカットしてすべて絞り出すなど小さな節約を心がけていますし、何か必要になったときは、購入する前に家にあるもので代用できないかひと通り頭を巡らせ、いざ購入するときも慎重に選びます。

一事が万事そんな感じで、できるだけムダな出費は控えて、毎月コツコツ貯金をし、ホリディのときなど使うべきときに備えています。それは単にお金を出し惜しみする「ケチ」とは違い、暮らしを豊かにするための楽しい工夫です。

私の母はガーデニングが大好きで、家にはハーブの庭とフルーツの庭があります。母は庭の植物にあげる水は、軒下に大きな樽を置いて雨水をためて使っています。雨水を樽へと導く樋《トイ》の入り口には、破れたストッキングをかけてかんたんな濾過装置をつくり、落ち葉や小石などが樽に入らないよう工夫しています。

樽が壊れて使えなくなったとき、母は捨てるのがもったいないといって、花壇の飾りに使いました。このアイデアは結果的に庭の素敵なアクセントになりました。庭に種をまくとき、母は紙製の卵ケースに土を入れて、その一つひとつのくぼみに種をまき、ケースごと土に埋めてしまいます。そうしておくと、ケースはやがて土に返るので、とてもエコです。

このように、母は自然の恵みや家にあるものをうまく使って庭づくりを楽しんでいます。そうしてセーブできたお金は、次のアイデアや楽しみに費やされます。

小さなことと思われるかもしれませんが、それでも、節約の根底に流れる、ものを大切にする精神、環境に対する姿勢、お金に対する哲学が見えると思います。

「節約」とはムダなく心地よく暮らすための生活術。そこにある工夫は、あんがい楽しいものだと思います。

忙しい毎日だからこそ、買い物は1週間に1度で

家の近くには必ずコンビニエンスストアがあって、24時間営業のスーパーもある日本は、暮らす人の「便利」を追求した社会だなとつくづく思います。

ドイツでは、ほとんどのショップが夕方18時か19時頃に閉まります。最新のスーパーマーケットは20時頃まで開いているところもありますが、それは稀な例です。そのうえ、土曜日は16時に閉まり、日曜日はガソリンスタンド以外はどのショップもお休みですから、日本のように会社帰りに夕飯の買い物をすることができず、食料品はだれもが土曜日に1週間分をまとめ買いすることになります。

昔のように男性だけが働いていた時代とは労働環境が変わり、女性も仕事をもつ今の時代に、店の営業時間だけが昔のままとは、なんて時代遅れなのかしらと思い

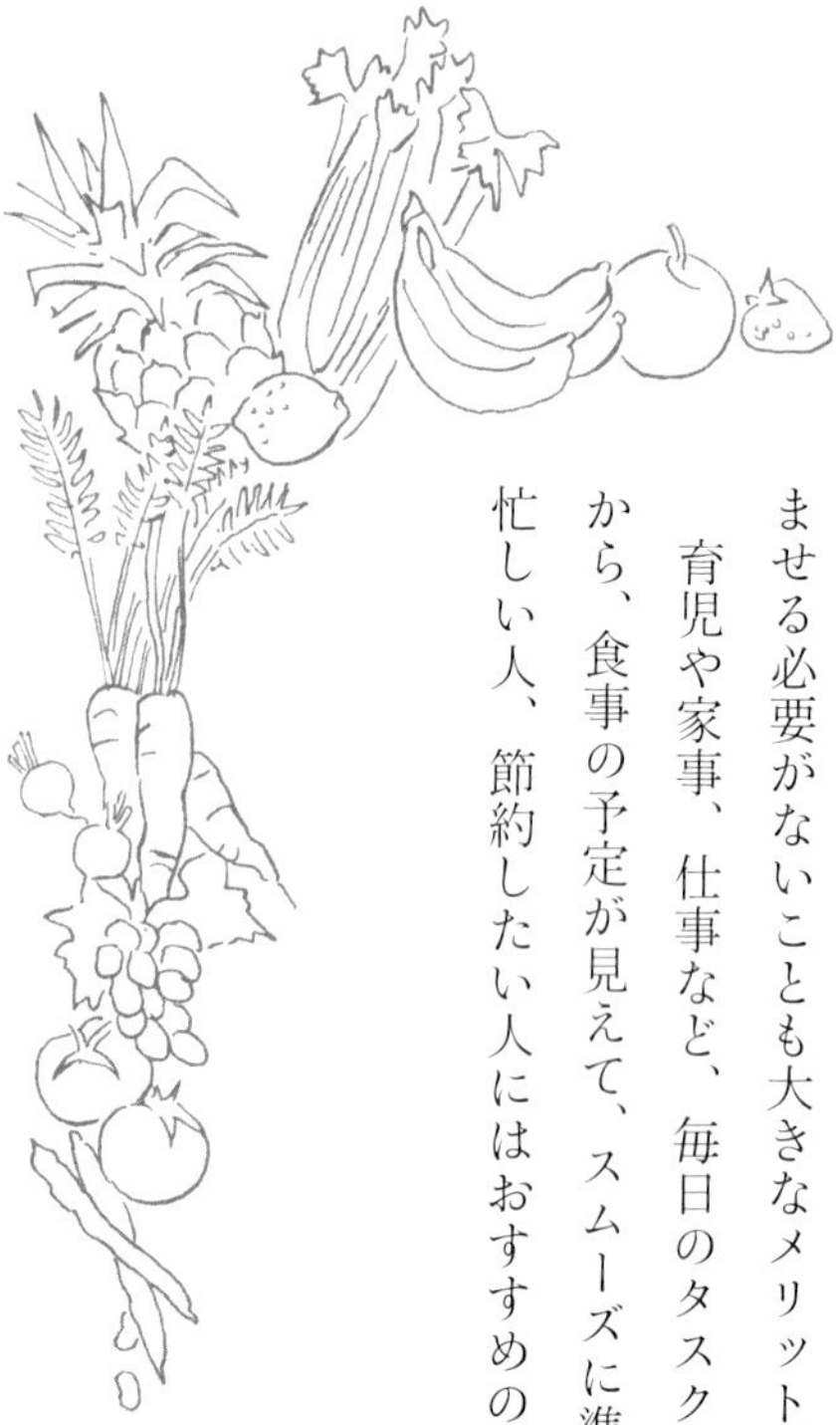

ますが、それでも、この週1回の食料品のまとめ買いには利点もあります。
ひとつは、1週間の献立をある程度考えてから買い物をするので、家計をコントロールしやすいこと。その日の気分やお腹の具合で衝動買いすることはありませんから、よけいな出費がなく節約できます。
また、予定の献立に沿って材料が揃えてあるので、夕飯のメニューに毎日頭を悩ませる必要がないことも大きなメリット。そのことは時間の節約にもつながります。育児や家事、仕事など、毎日のタスクが多い人にとって、時間はとても貴重ですから、食事の予定が見えて、スムーズに準備できることで気持ちもすっきりします。
忙しい人、節約したい人にはおすすめの買い物の方法ですね。

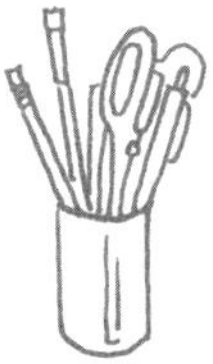

ものは厳選し、置き場所を決めること

子どもの頃、私は姉とともに、家の仕事をいくつも担当していました。洗濯物を干すこと、ご飯の前にテーブルセッティングをすること、サラダのドレッシングをつくること、庭の石に生えた苔を落とすこと、ペットのお世話をすること、週に1度家族みんなの靴をみがくこと、ときには父が割った薪をまとめるなど、力仕事にかり出されることもありました。

仕事といえども、子どもだった私にとっては遊びのひとつという感じでしたから、だいたいのことは楽しんでやっていたけれど、こと片づけや掃除に関してはやりたくないなと思うこともしばしばでした。

両親から「出したものはしまいなさい」と厳しくいわれて反抗したこともありま

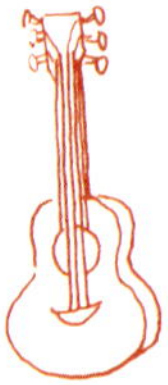

したが、今、子育てで毎日忙しく過ごしながらも、家をある程度きれいに保ち、心地よい暮らしができているのは、子どもの頃の習慣の中で、自分なりの基準と知恵が蓄えられたからでしょう。

祖母は私に「ものを厳選すること」を、母は「ものの置き場所を決める」ことを教えてくれました。ものは知らず知らずに増えていくので、なにかを買うときは本当に必要かどうかよく考えて買い、ときどき不要なものを整理することも必要です。私は、サイズが合わなくなった服や使わなくなったものは1つの箱にまとめて、箱がいっぱいになったら必要とされるところへ寄付をするようにしています。

そうして部屋に置くものを選び、よく使うものは手前の取り出しやすい場所、めったに使わないものは押し入れの中、というように、使う頻度によって置き場所を決めておくと、使うときによけいな動作が必要なく、しまうときにも迷いがありません。棚や引き出しの中はぎっしりとものを詰め込まず、いつも少し余裕をもたせる程度にしておきます。

東京で私が暮らした家は、1階が玄関、2階と3階が住居スペースでしたから、階段を上り下りするたびに、違う階にもって来てしまったものをついでに戻すようにしていました。これもものの置き場所が決まっているから自然にできたことです。

それでもついつい怠けて、部屋が煩雑になってしまうこともたまにあります。そうなったら今度は「Hau ruck!（よいしょ）」と気合いを入れて大掃除にかからねばなりません。それはとてもエネルギーがいることなので、私はわざと友達を家に招待して、それまでにどうしても片づけなければならない状況をつくるようにしています。

小さな台所での料理はサッと片すことがコツ

日本では自宅でドイツ料理を教えていましたが、東京の家はキッチンが狭かったため、遊びにきた友人たちは「どこで教えているの?」と首を傾げていました。「あなたの目の前にある小さなテーブルよ」と伝えると、みな一様に「ここで?」と驚いた顔をするのです。でも私にとってスペースの大小はそれほど重要ではなく、準備と段取りがしっかりできていれば、狭い場所でも料理を教えることができます。

段取りのコツは、料理の工程をシミュレーションして、生徒さんに説明だけですむ部分、一緒に手を動かす部分、やってみせる部分に分けて考えておくことです。教え方にメリハリをつけておくと、生徒さんにも重要ポイントがよく伝わり、時間もスペースもムダにすることはありません。

料理は火加減や材料を入れるタイミングによって味が左右されるので、手際の良さが勝負です。茹でたり煮たりする間に次のレシピの食材を切るなどして、手元があかないように進行の順番も考えておきます。

そばに大きめのトレーを用意しておいて、空いた器はその手でトレーの上へ。トレーがいっぱいになったら、シンクにサッと運びます。この「サッと運ぶ」というのも、タイミングを逃さない大きなポイントですから、作業するテーブルからシンクやガス台、オーブンまでの通り道は、障害物がないように確保しておくことも大切です。あとはその場の対応ですが、この程度の段取りと準備ができていれば、おおかたはスムーズに進めることができます。

もちろん、段取りや準備をしっかりしていても失敗することもあります。忘れられないのは、はじめて教えた日のことです。まだ日本にきたばかりで緊張していたうえ、授業の時間も大幅にオーバーしてしまって、私はとてもあせってしまいました。ようやく最後のデザートをテーブルに出してホッとしていたとき、デザートを一口食べた生徒さんが「うわっ、辛い！」と叫びました。そうです、私は間違って

砂糖のかわりに塩を入れてしまったのでした。私は恥ずかしさで顔が真っ赤になりましたが、生徒さんからはどっと笑いが起きました。料理は大失敗でしたが、笑いが起きたおかげで雰囲気は和やかになりました。

料理教室では、生徒さんたちが必要なものを取ってくれたり、使用済みの器を流しに運んでくれたりと、狭いキッチンでの流れ作業が自然に形づくられていきました。結果的に、それぞれが自然に手を動かして一緒に料理をつくる、楽しい教室になったと思います。

私はこの調和した時間が大好きでした。

2
自然に寄り添う暮らし

ものとは長くつき合う覚悟でコーディネートを楽しむ

私の家には、祖母の代から使っている家具や食器、キッチンの道具など、古いものが家のあちこちにあって、今でも現役でがんばっています。

それらは価値があるから代々受け継がれてきたというよりも、ものを大切にして最後まで使い切りたいという使い手の思いが強く、壊れたら修理して、錆びたらみがき、破れたら繕って、長くつき合ってきた結果、家にあるものなのです。

使わなくなってしまったものも、そのまま捨てるということはなく、サイズが合わなくなった服や靴は似合いそうな人に譲り、Tシャツや靴下などコットン生地のものは、着古したらカットして、雑巾や靴みがきの布として使います。

私はこうした古いものを、今のものと合わせておしゃれをすることが大好きです。妊娠中、私は夫の母から譲り受けたマタニティコートを着ました。そのコートは彼女が夫を身ごもったときに購入したということですから、おそらく35年以上前につくられたものです。そのとき義母は、素材や縫製がしっかりしているかすみずみまで確認して買ったのだそうです。

そのコートは、美しいブルーが印象的で、コーディネートが楽しめますし、今着ていてもちっとも古い感じがしません。

白と赤のストライプのスカーフを首に巻くと素敵なマリンルックに仕上がり、ロールアップしたジーンズにぴったり。黄色に白の水玉模様のスカーフをすると、かわいいレトロスタイルになります。デザインはシンプルなAラインですから、ベーシックな黒やグレーのパンツを合わせるとエレガントなお出かけ着にもなります。

今、私の息子が着ている服の多くも、夫が赤ちゃんのときに着ていたものですが、生地の傷みはほとんどなく、今ではあまり見られないデザインやテキスタイルがむしろ新鮮に感じられます。

aus Alt mach Neu

使えなくなったものでも
捨てずにリメイクして
使い切ると、
お財布にも地球にも
やさしいですね。
だれももっていない
素敵な一点ものができるから、
きっと楽しく使えます。

パンツのリメイクは
ひざ下部分にプリーツを少し入れて
アクセントに。
ローヒールに合わせると
カジュアル＆エレガンスで
いい感じです。

着られなくなったセーターを
カットして、古い布と合わせて
鍋つかみに。
異素材の組み合わせが
かわいいと好評でした。

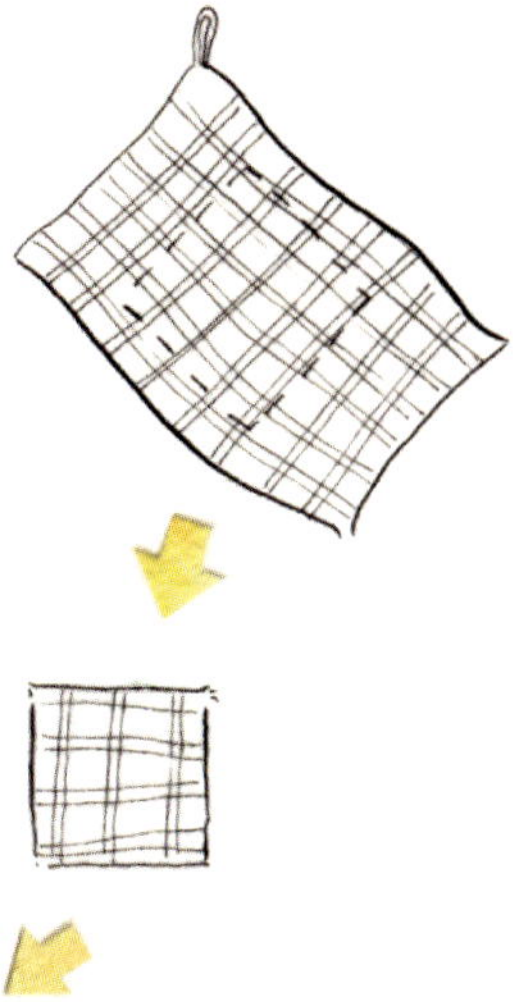

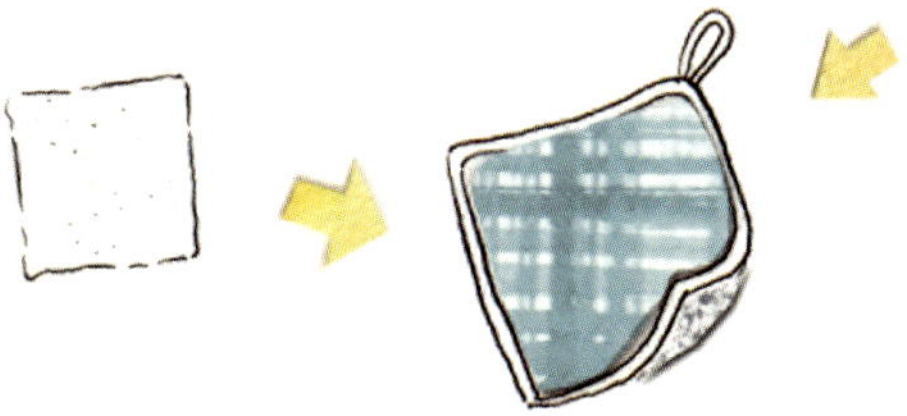

木製なので
ナチュラル感が出て
グリーンによく合います。

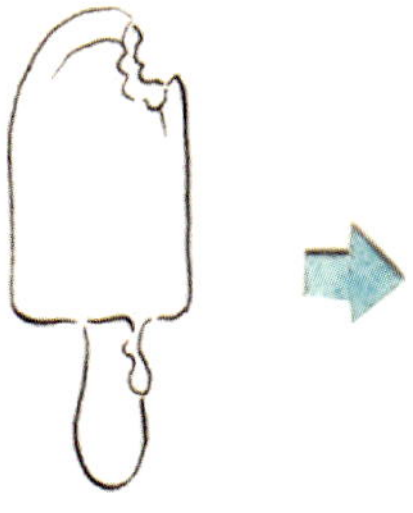

布ばりのノート　つくり方

古くなった洋服の布地をカットして表紙に貼るだけで、ノートに高級感が出ます。私はこのノートに息子がおなかの中にいるときに撮ったエコー写真のスケッチや、両親からのメールなどをプリントして貼って大切にしています。

ものは大切にする。でもなくなっても悔やまない

私の祖母が若かった時代は、今ほど多くのものがありませんでした。戦争を生き抜いた彼女は、何かを買う前には長く使い続けられるように注意深く選んだといいます。実際に、私が祖母から受け継いだものは、今でも十分使えるほど質のいいものばかりです。母方の祖母からもらった食器も40年前のものですが、今でもフルコースの各アイテムが12枚ずつ揃っており、大切な会食のときに使っています。

現代を生きる私たちは多くのものをもっています。さらに毎日何かしらを買い、それらのうちのほとんどは遅かれ早かれ捨てられ、新しいものが次から次に出てきます。そんな時代にものをもち続ける必要はないのかもしれませんが、私は祖母が使っていた古いものでも捨てずに、きっちり使い切りたいと思っています。

古いものをもち続けるためにはそれなりのケアが必要ですから、新しいものを買ったほうが楽だと思う人もいるかもしれません。けれども、古いものは過去とリンクして時代の空気を運び、心を豊かにしてくれるのです。ただ、その一方では、ものはいずれなくなるものですから、執着してはいけないと心得てもいます。

私が大学生のころ、住んでいた部屋の階下が火事になりました。そのとき私は外出中だったのですが、戻ってみると窓は割れ、本、衣服、カーペットなど、私の部屋のすべてのものが煤だらけになっていました。それはとても残念な出来事でしたが、生きているとこういうこともあります。

ものは大切にする、でもなくなっても悔やまない。

それくらいのほどよい距離感でものをもち続けられたらベストだと思います。

素敵な思い出のあるものは壊れても工夫して使う

壊れてしまったものでも、私はできるだけ修理して使うようにしています。それが愛着のあるもの、思い出のあるものであれば、なおさら手元に置いておきたいものです。

ただ、テーブルウエアの場合は、ちょっとした欠けやひびが入った程度でも、使っていると口の中をケガする場合もあるし、修理に接着剤を使うこともありますから、それで飲んだり食べたりはしたくないものです。

そんなとき私は、壊れたものが何か別なことに使えないか考えます。

以前、韓国に行ったとき私は伝統的なお茶のカップを買いましたが、残念なことに帰国してすぐに、そのカップを落として割ってしまいました。紅白の花と鳥をあしらった美しい柄でしたから、私はどうしても捨てたくありませんでした。

そこで私は、割れてしまったカップのかけらを拾い集めて丁寧に接着し、小さな鉢カバーとして使っています。テーブルの上に置くのにほどよいサイズでインテリアとして素敵ですし、そのカップを目にするたびに、韓国のホテルで柚子茶を飲んで旅の疲れを癒した幸せな時間を思い出します。

ものが思い出させる記憶が素敵なものであるならば、それだけでものとしての存在価値があります。たとえ本来の用途として使えなくなっても、暮らしを豊かにするエッセンスとして十分に役立つのだと思います。

おしゃれ心がわかない日は
ヘアスタイルを変えてみる

おしゃれをして出かけようとワードローブを開けてみたものの、なぜかつまらなく感じて何を着ればいいのかわからないときがあります。それはきっと洋服のせいではなく、自分自身の問題。そんなとき私は、自分を変える時期が来たのだととらえて、思いきってヘアスタイルを変えることにしています。

新しい髪型にすると気分が変わり、コーディネートのアイデアも次々と出てきて、おしゃれが楽しくなります。つまらなさを感じているときは、どんなに着飾っていても素敵に見えません。

私自身、基本はベーシックな服装。そこにアクセントになるきれいな色や柄のスカーフ、アクセサリーなどを組み合わせて、その時々のおしゃれを楽しんでいます。いつもコーディネートを頭に浮かべながら買いものするので、買ったものの着たためしがない、といった失敗はあまりありません。

ベーシックな服は何年も着られるように、縫製や素材をしっかり吟味して質のいいものを選びます。これはおしゃれだった祖母、ロッテおばあちゃんの影響です。ドイツを代表する自動車メーカーであるポルシェの社長秘書をしていましたので、重要なお客様と接する仕事柄か、いつもきちんとした印象をもたせる、クオリティーの高い服を着ていました。

祖母と私はサイズが同じなので、たくさんのお下がりをもらいましたが、何十年経った今でもちっとも傷んでいません。祖母のものを身につけると、「時代を超えても使える」という、特別な喜びをも感じてうれしくなります。

アクセントに使う小物類は、そのときのときめきを大切にして選びます。フリーマーケットやリサイクルで買ったチープなものをアレンジして着ることもあるし、手づくりしたものを組み合わせること

ともよくあります。

おしゃれはしたいけれど「自分らしさがよくわからない」というときは、違う趣味の友達と服を交換してみる、たまにはハイヒールをはいてドレスを着てみるなど、今までの自分に馴染んでいないものもどんどん試して、他の人にも意見を聞いてみるといいでしょう。

そして、そのときの自分の気分の変化にも注意を向けてみると、おもしろい発見があります。さまざまなスタイルを試す中から、好きという気持ち、心地いいという感覚をみつけられたら、それが自分スタイルのサインです。

私はいつもワードローブの中に、ラベンダーや白檀入りのサシェ（香り袋）を置いています。そうすると扉を開けるたびにふわりといい香りに包まれて癒されるので、ますます扉を開けたくなります。これには虫除け効果もあるのだそうです。

使い捨ての食器より、ガラスや陶器のほうがエレガント

ドイツは環境先進国とよくいわれるように、自然を意識して暮らしている人はとても多くいます。私の義母もその点で意識が高い人です。彼女は以前、地域の人々と一緒に活動して、ゴミ処理場の建設を止めさせたことがあります。

義母の住む町では、お祭りの多い時期は、出店で売られていた食べものの包装材や紙コップなどが捨て置かれてゴミ問題になっていました。ちょうどそんなとき、その町にゴミ処理場をつくる計画があがりました。

すると義母たちは、主婦仲間の一人が所有していた古い車をシンクつきの車に改造し、自宅のガラス製のコップや陶器のお皿を積んで、お祭りの会場を回るようになりました。そして、お祭りで飲み食いをする人たちに貸し出し、回収しては車の

中で洗い、一方では出店のオーナーたちに紙やプラスチックの食器を使わないように呼びかけたのです。オーナーたちも同意して、次からグラスや陶器のお皿を用意することを約束しました。

　お祭りに来た人たちは、紙の食器を使うより、はるかにエレガントでおいしく感じたことと思います。義母たちはよそのお祭りにもその車を貸し出すなどして、他の地域のみんなにも喜ばれました。そうした活動は少しずつムーブメントを起こし、ゴミ処理場の建設に反対する人たちによる抗議デモや署名運動も活発になり、結果的に建設をストップすることができたそうです。

　最近ではお祭りやイベント会場で、紙コップを禁止にしているところも多くあります。たとえば、ドリンクを購入する際は、ガラス製のコップにデポジットをつけて、コップの回収につなげているようです。

　とくにクリスマスマーケットでのドリンクは、カップに印刷される絵柄がとても素敵で記念品としてもち帰ることもオーナーが求めているので、高額なデポジットがつけられていますが、払い戻しするかしないかは自由に決められます。

イベントやお祭り以外の日常で、私も自分にできるかぎりのエコを心がけています。たとえば、水。ドイツの夏は乾燥しているので、水不足になることもよくありますから、決して流しっぱなしにせずに、細かく蛇口をひねり、無駄な水を流さないようにしています。とくに洗いものは水を大量に使うので、洗い桶の中の水で汚れを落とし、流すときはお皿をタワーのように重ねて流れ落ちる水で少しでも下の皿の洗剤が落ちるようにしています。

洗いものをするときは順序も大切です。あまり汚れていないものから先に洗って、フライパンなど油汚れのひどいものは最後に。もちろん、事前にペーパーで油分を拭きとっておくともっと水を節約できます。

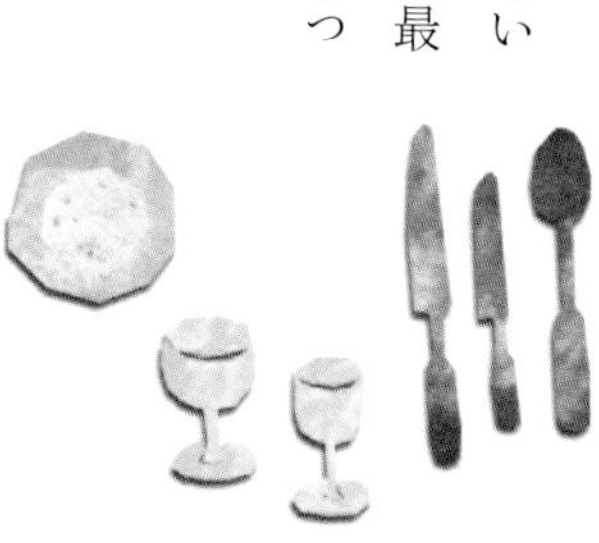

自然療法のやさしい知恵が
ときに力強い味方になる

私の夫は細身で背が高く、成長期には身長が伸びるたびに幻覚を見るほどの高熱にうなされたそうです。大人になった今でも、疲れがたまったときやからだが弱ったときなどに熱を出すことがあります。

私たちが日本に来たばかりの頃にも、体温が40度を超えるまで上がったことがありました。当時はまだ日本語もままならないころで、どこに病院があるのか、どうやって医者を呼べばいいのかさえもわからず、夜遅かったので薬局も開いていませんでした。

そのとき私は、昔祖母や母から教わった解熱法を思い出し、すがるような思いで試してみました。洗面器に酢と水を1対1の割合で入れ、タオルを浸して軽く絞り、両方のふくらはぎに巻くというシンプルな方法でしたが、彼はやがて汗をかきはじめて少しずつ熱が下がりました。そして翌朝にはずいぶん気分がよくなって、結局病院に行く必要もありませんでした。

これはドイツに古くから伝わる民間療法で、湿ったタオルの水分が蒸発し、皮膚を冷して解熱を促します。このときウールのソックスなどをはかせて足先を暖かくして、ふくらはぎだけを冷やすというのがポイントです。

酢水の温度が冷たすぎるとからだに負担がかかるので、「ぬるい」程度が適温です。水分の蒸発を妨げないように、ひざから下は布団の上に。他の部分はしっかり布団をかけて温かくしておきます。酢には殺菌力があるので使いますが、家に酢がない場合は水だけでも大丈夫です。

それぞれの国にこうした民間療法や自然療法がありますが、普段から対処法や体調の整え方を会得し、やり慣れておくことが大切だとこのとき実感しました。

ドライフルーンを
コップの水に一晩漬け置き、
次の日に飲むと便秘解消！

塩水を鼻から吸引して
口から吐き出すと、
咳がおさまります

カモミールティーは
万能薬

玉ねぎと砂糖の
シロップも咳止めに

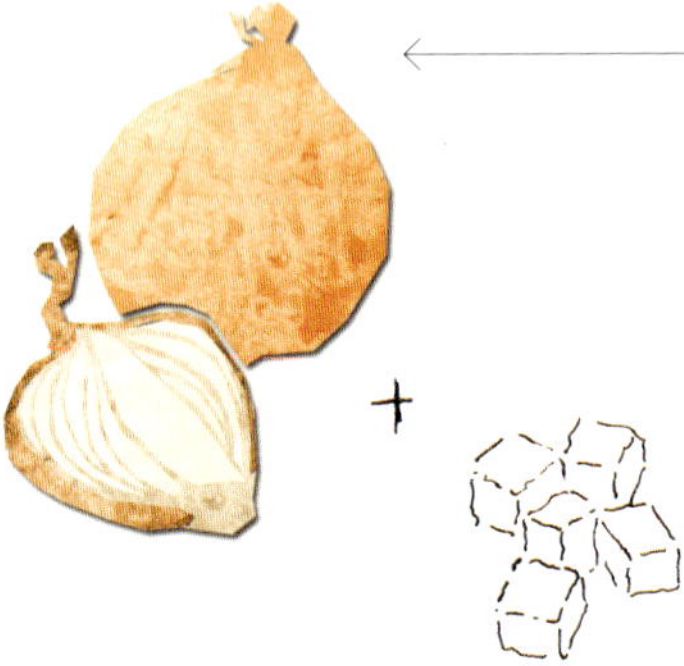

Hausmittel

風邪をひいたら
まずはカモミールティー
あとは座り心地のいい
アームチェアで、
好きな本を読んで
ゆったり過ごすのが
私の風邪処方。

玉ねぎとカモミールで風邪退治

　ドイツに伝わる自然療法の材料としてもっともよく使われるのが、玉ねぎとカモミールです。風邪をひいて咳が続くときなど、玉ねぎを使って料理をしているときに鍋からあがる蒸気を吸い込むだけでも苦しさが緩和されます。

　咳がもっとひどいときは、私は玉ねぎを使って咳止め用のシロップをつくります。つくりかたはとても簡単。玉ねぎの中央をスプーンでえぐり抜き、空いた穴に砂糖を満たして1〜2時間おくだけで完成します。これを1時間に1回、スプーン1杯ほどなめると咳がおさまります。

　また、風邪にはカモミールティーもよく効きます。カモミールには抗菌作用をはじめさまざまな力があるので、ドイツでは薬用ハーブとしてほぼすべての病気に使用されます。お茶として飲むだけでもいいのですが、咳や喉のいがらっぽさが気になるなら、カモミールティーの湯気を吸い込むと楽になります。カモミールティーが用意できないときは、塩水を沸かしてもいいでしょう。

吸入の仕方はどちらも同じです。ボウルにたっぷり入れ、その上に顔をもってきて、頭からタオルをかぶり湯気が外にもれないようにして吸い込みます。時間は10分ほどできるといいのですが、私はすぐに退屈して、もう10分経ったかなと時計を見ても、まだ3分ほどしか経っていないということもよくあります。なので、キッチンタイマーをかけて、おしまいの知らせが鳴り響くまでじっとガマン。

吸入が終わったあとはタオルを首に巻いておくと、からだがホカホカしてとても気持ちがいいです。喉のいがらっぽさがおさまるだけでなく、ちょっとしたサウナ効果もあるので肌もしっとりしてきます。

吸入したあとのお茶には菌が入っている場合があるのですぐに流します。沸かし直して再利用するのはNGです。

下痢や便秘にはりんご

おなかを下したとき、私の家では下痢止めなどのクスリは飲まずに、りんご1個をすりおろしてしばらく置き、酸化して茶色くなったところでいただきます。便秘のときはすりおろさずに皮つきのままいただきます。

便秘にはプルーンも効果的です。寝る前にドライプルーンを3個ほどグラスに入れて水を注いでおき、翌朝起きてすぐにその水を飲んで、柔らかくなったプルーンを食べます。するとおなかがゆるくなり、便秘の苦しさから解放されます。

風邪をひいたら、好きな食べものを

私が子どもだったころは、風邪をひくとホットチョコレートやセモリナプリンを母が食べさせてくれました。この2つは私の大好きな食べもので、「からだがつらいときは心が喜ぶものを」という母の考え方の現れです。

母が幼かった頃は、風邪のときは祖母が当時のドイツではめずらしかったパイナップルを食べさせてくれたそうです。パイナップルが大好きだった母ですが、からだが丈夫でめったに風邪をひかなかったようで、あの甘酸っぱい黄色い果実を食べたい一心で、寒い冬に窓から顔を出して、木枯らしにいつまでも顔をあてていたこともあったそう。でも冷たい空気で鍛えられ、ますます食べられなかったとか。子どもだけじゃなくて、大人も自分が好きな料理を食べるとちょっと気分が晴れてきて、元気が出てきます。

コップ1杯の水と散歩、そして夜ごはんを軽くすること

私は早寝早起きです。夏の間は遅い時間まで外が明るいので夜更かしをすることもありますが、冬場は午後10時をまわるくらいには眠くなり、朝日が昇りはじめると自然に目が覚めてしまいます。

そんな私を母はいつも「まるで鳥のようね」と笑いますが、このリズムが私には合っているようで、朝の冷んやりした空気の中で深呼吸するだけで、からだのすみずみまで力がわいてきて、清々しい気持ちで一日をはじめることができます。

健康のために特別なことは何もしていませんが、毎日の習慣として行っていることがいくつかあります。ひとつは、起きてすぐにコップ1杯の水を飲むこと。かつ

ては、このあとに家の近所をランニングしていましたが、今は子育て中なのでできません。それでも、起き抜けに水を飲むだけで、寝ている間に乾燥していたからだが一気にうるおう感じがします。実際に血の巡りがずいぶん促されるそうです。

もうひとつは、毎日の散歩。考えごとをするときや気分転換をしたいときもふらりと散歩に出ます。冷たい風がぴゅーぴゅー吹く日や雨がポツポツ降る日でも出かけます。歩いていると頭はクリアになるし、足腰も丈夫になります。

そしてもうひとつ、夜ごはんを軽めにすること。私の家では、スープやシチューなど温かくてボリュームのある食事はお昼にいただき、夜はライ麦パンとハムや冷たいポーク・ローストなどを3〜4種類、あとはチーズ、サラダなど加熱しないおかずだけで軽めにすませます。そうすると、胃がもたれることもないので翌朝の目覚めもすっきり。仕事をする平日にはちょうどいい食事です。

そのかわり、週末はじっくり時間をかけてつくった煮込み料理やローストなどをメインに、フルコースディナーを楽しみます。平日と休日の食事スタイルを変えることで、オンとオフの切り替えもスムーズです。

冷水と足裏の刺激でマッサージ

ドイツのポピュラーな健康法として、「クナイプ療法」と呼ばれるものがあります。もともとはドナウ川の冷たい水を使った冷水浴が発祥といわれていますが、現在では専用の設備が公園などいろんなところに設置されています。水中歩行用の浅いプールで、下には石が敷き詰められているので、歩くだけで足の裏に石がごつごつ当たり、冷たい水と石の刺激で免疫系の強化に役立つのだそうです。

私の祖父もこれと同じような効果を求めて、朝起きてすぐに庭を裸足で歩いていました。ドイツの朝は夏でも寒いので、朝露で冷えた石を踏んだときに伝わる足の裏への刺激がよいマッサージになるそうです。

Kneippsche Wasserkur

クナイプ療法は19世紀に
自然療法に改革をもたらした、
セバスチャン・クナイプ神父が
提唱したものです。
当時不治の病とされていた
結核を患っていた彼は、
冷たい水の中に短時間
水浴することで
自ら治療したのだそうです。

日本でも人気のクナイプ

ドイツは水が豊富ではないので、大人たちはいつも節水を心がけていて、お風呂も普段はシャワーですませています。でも、冷えたときや風邪気味のときなどは、バスタブにお湯をはり、クナイプの入浴剤などを入れてゆったりつかります。

クナイプは日本でも人気ですからご存知の方も多いと思います。前のイラストページでご紹介したセバスチャン・クナイプのホリスティックな考え方を理念とした会社で、自然療法のための良質なハーブやオイルを販売しています。

冷えや肩こりがひどいときは、ドイツ式の湯たんぽを使うこともあります。これは古くからの暮らしの知恵で、ケーキなどで使ったさくらんぼの種を温めて袋につめ、冷えを防いだのだとか。最近ではいろいろな形の製品になっており、日本でも販売されているようです。これを電子レンジで温めるといつまでもホカホカします。

自然の力を大切にするレホルム運動の教え

私の祖父は、氷のように冷たい水や露に濡れた芝生を歩くことで、からだがもつ自然の力を強化するクナイプ療法を実践していましたが、ドイツでは多くの人が自然の力を暮らしの場面にうまく取り込んでいます。その理由のひとつに、私の祖母が生まれる以前からはじまった「レホルム運動」が、長い歴史を通して深く浸透していることがあげられます。

19世紀、産業革命によってあらゆる分野で技術革新が進み、人々の暮らしはとても便利になりましたが、その一方で体調不良や農薬や化学物質による汚染などの問題も発生しました。そんな行き過ぎた社会や生き方に対し「人間本来のあるべき自然の姿を取り戻そう」という自然回帰の運動が起こったのです。

たとえば、農薬や化学物質を極力排除しよう、自然と親しむ遊びを取り入れよう、からだをしめつけるコルセットはNG、服を脱ぎ捨てて全身に太陽の光を浴びよう……など、レホルム運動にはいろいろな教えがあります。

衣類の素材も、栽培過程で農薬や殺虫剤などが使われていないリネンや綿、ウールなどが好ましく、私自身も、子どものためには農薬不使用のものを買うことにしています。

さらに外に出て空気浴や日光浴も実践しています。日光を浴びることでつくられるビタミンDは健康な歯と骨にとって不可欠なものです。

また、たくさんの野菜や、自然の食物を摂ることが健康的です。

M・ビルハー・ブレンナー博士が考えた、数種類の未精製の穀物とドライフルーツ、ナッツなどを合わせたミューズリーに、すりおろしたりんごや牛乳、ヨーグルトをかけて食べる食事はまさにその流れをくむもので、ドイツの大切な食習慣であり、私の朝食の定番メニューです。

安全・レホルムハウス

ドイツはじめヨーロッパ30カ国には「レホルムハウス」という、レホルムの哲学に即した製品を販売する専門店があります。ここで販売される食品や衣料、化粧品はほとんどがオーガニックで、防腐剤や遺伝子組み替えの原材料を使ったものは一切置いてありません。

私の叔母もその考え方に賛同し、レホルムハウスを経営しています。あるとき、叔母の家に泊まった私は、冷蔵庫の中からおいしそうなチョコレートミルクの瓶を発見し

ました。なんの疑問ももたずにそれを飲もうとした私を見て、従姉妹がびっくりして止めに入りました。

というのも、私がチョコレートミルクと思い込んだものは、自然のココアからつくられたボディローションだったのです。天然の素材からつくられているものだし、夏の暑い日だったので、冷蔵庫に保管されていたのです。

叔母は「天然成分だけでできているから、たとえ飲んでしまっても問題ないのだけどね」と言っていました。ローションはからだに直接ぬるものなのだから、本来は飲んでもOKな原材料でつくるべき、というのがレホルムの考えなのです。

自然の力を見直すことは、便利になりすぎた社会のなかで、改めて大切にしたいことです。

3 物語のあるレシピ

フラワーパワーのエプロンで料理を楽しむ

料理を楽しむためには、ちょっぴり心の余裕が必要です。なぜなら、料理はそのときの心のもちようが味や見た目にすべて出てしまうからです。慌てているときは当然、そそっかしい失敗をしてしまうし、レシピに確信がないときは味がぼんやりしてしまいます。

だから私は料理にかかる前に、準備と段取りをしっかり行います。普段つくり慣れているものでも、材料が揃っているか、足りないものがあったときは何で代用するかなど、一通り頭を巡らせてからスタート。そうしてはじめて、つくることそのものを楽しむ余裕が出てきます。

気分に合わせて調味料や材料を追加して、どんな味になるのか想像しながらつくるのも好きです。ときどきワインを飲みながら料理することもありますし、人がいれば会話をしながらその時間を楽しみます。

それから、いい道具があると料理はとてもスムーズです。時間があるときは、包丁を研ぐ、鍋の焦げをとるなど、メンテナンスも必要です。そうして道具が馴染んでくると、本当においしくなるから不思議です。ただ道具を揃えるだけでなく、重さや大きさが自分に無理がないものを選び、しっかり手をかけながら使い込んでいく過程は楽しいし、確実に料理の腕が上がります。

それからもうひとつ。私には料理を楽しむためのとっておきのアイテムがあります。それは夫の母からもらった花柄のエプロン。彼女が結婚式のときにもらったものだそうで、70年代のデザインがとても素敵です。私はそのエプロンをつけると、料理モードにスイッチが入り、俄然やる気が出てきます。気分をうきうきさせてくれるお気に入りのエプロンを用意することは、料理の時間をぐっと楽しいものにしてくれるので、ぜひおすすめです。

伝統を大切にしながらも自分流のアレンジを忘れない

私が育った南ドイツの家では、土曜日の夕方は肉料理などを食べていました。本来ドイツではボリュームのあるものは日曜のお昼にいただきます。

日曜日の午前中に家族で教会に行き、ミサが終わると男たちはパブでお酒を飲み、妻たちは家に帰って料理をつくります。そして、家族みんなで食卓を囲んで、パンかじゃがいもでつくられた大きな団子や赤キャベツを使った料理をたっぷりいただくというのが代表的な日曜の食事です。

私の母が子どもだった頃は、教会の帰りに祖父に連れられてよくパブに行ったそうです。そのほうが祖母は料理に集中できるし、パブにはピンボールマシンがあったので、子どもたちはレモネードを飲みながら退屈しないですんだのだそうです。

けれども、母は自分の家庭をもったとき、この習慣をやめようと決心したのだとか。というのも、母自身が昼食にボリュームの多い食事をとると眠くなるので好きではなかったし、仕事をしていた祖母の代わりに、高校生の頃から料理をまかされていたので、日曜日の料理づくりにはほとほと疲れていたのだそうです。

そこで彼女は思い切ってこの習慣をやめ、代わりに土曜日の夕食にボリュームのある食事をつくるように決めたのだとか。母はドイツの伝統的な料理はもちろんのこと、一年間フランスに行きフレンチも学んだことから、我が家の食卓にはドイツ料理にフランス風のエッセンスが加わった素敵な料理が並びました。

伝統に倣いながらも要所要所で自分流のアレンジを加えることで、その家ならではの習慣や味の個性が出てきます。人生も料理も自分流が加わったときに、いっそう楽しくなります。

じゃがいもの歴史

じゃがいもは16世紀に南米の高原地からスペイン人によってヨーロッパにもたらされましたが、当時は貴族たちの鑑賞用として栽培されていました。

ドイツ人の間では「豚の餌にしか役に立たない」と嫌われていたのだとか。

その後、あまりの寒さに作物が育たなかったベルリン地方で飢饉が起こり、1756年にフリードリヒ大王が食用としてのじゃがいも栽培を奨励し、じゃがいもはドイツ北部に住む人々の主食として馴染み深い食べものになりました。

アレンジいろいろ、じゃがいも料理を楽しむコツ

ドイツの北と南では、気候風土の違いから食習慣に差があります。私の住むドイツ南部では主食としてパンや麺類をよく食べますが、土壌が貧弱な北部では麦を育てるのが難しく、昔からじゃがいもが主食として食されています。

もっとも素朴でワイルドな食べ方は、火を焚いたあとの灰の中にじゃがいもをぽんと放り込むだけ。道具は何も必要ありません。これは農夫たちが収穫期の昼食として用いる方法で、私たちもアウトドアのときなどに、焚き火の終わり頃になると、残り火の中にじゃがいもを投げ込んで食べることがあります。

灰の中から取り出したじゃがいもは、表面は黒くカリカリですが中はホクホク。私は皮ごと食べますが、ほんのり塩気があって、まさにザ・じゃがいもといった自

然のおいしさを楽しむことができるのです。

　こうしたシンプルな食べ方とは逆に、手をかけて料理することもあります。じゃがいもをすりおろしてパンケーキにしたり、小麦粉と合わせて麺にしたり、ピューレにすることも。アレンジがしやすいため、メニューのバリエーションがあり、ドイツの女性は楽しんでじゃがいも料理をつくっています。ドイツのじゃがいもは種類も多く、茹でたときに煮くずれしやすいもの、そうでないものとで表示がありますし、品種によってはみずみずしい味がするものもあれば、力強くワイルドな味がするものもあるので、料理にあったじゃがいもを選びます。

　たとえばドイツのポテトサラダは、日本のポテトサラダのようにマッシュしません。歯ごたえも味わいのひとつになるので、じゃがいもの形をあえて残すのがポイント。日本のじゃがいもでつくるなら、茹でても形がくずれにくいメークインを選ぶとうまくできます。ここでは、私が育った南ドイツの伝統的なポテトサラダとパンケーキのレシピをご紹介しましょう。

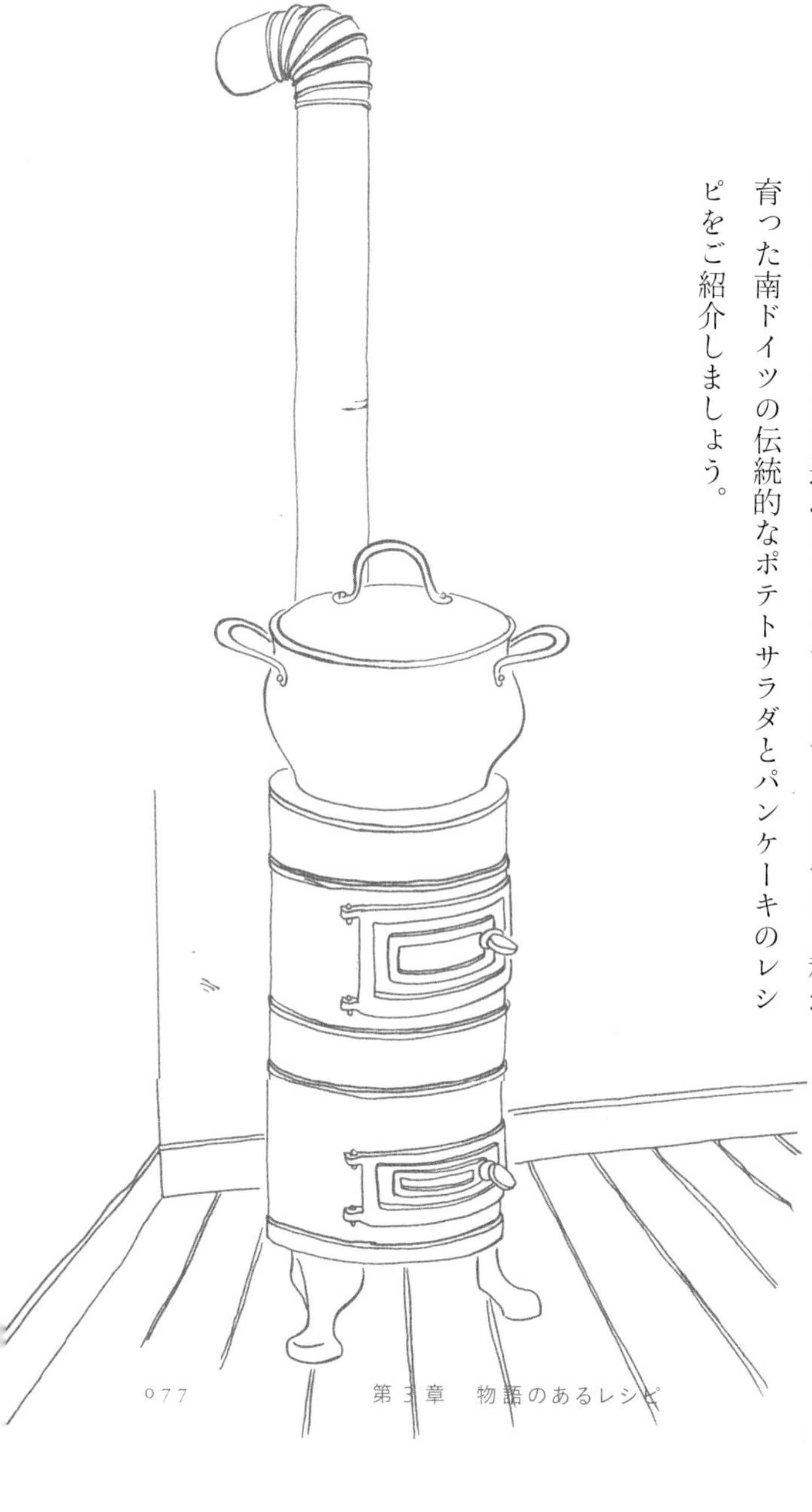

シュヴァーベン風ポテトサラダ

材料（2人分）

じゃがいも…2〜3個（300g）
（メークインなどのくずれにくい種類）
玉ねぎ（小）…⅓ 個
塩…小さじ ½
こしょう…少々
コンソメスープ…カップ ½
Ⓐ 白ワインビネガー…大さじ 1
　 マスタード…小さじ ½
サラダオイル…小さじ 1

つくり方

❶
じゃがいもを蒸かして皮をむき、温かいうちに4㎜の輪切りにする。

❷
玉ねぎをみじん切りにし、①と合わせて、塩・こしょうをする。

❸
煮立たせたコンソメスープにⒶを加えて混ぜる。

❹
②に③を注いでしばらくおき、サラダオイルを加えて、じゃがいもの形がくずれないようにざっくりと混ぜる。

❺
お好みで、パセリ、チャイブを振りかける。

ポイント！
→　室温でしばらく寝かせておくと、味が馴染んでおいしさがアップします。
→　細かく切ったベーコンをカリカリに炒めて、サラダに加えてもおいしいです。
→　オイルを最初に加えると、膜ができ、調味料、ビネガーの味がなじまないので、最後に加えましょう。

じゃがいものパンケーキ

材料（2人分）

じゃがいも…6～8個（800g）
玉ねぎ…1個
卵…2個
塩…小さじ1

つくり方

❶
じゃがいもの皮をむいて粗くすりおろし、乾いたふきんに入れてボウルの上で絞る。

❷
玉ねぎをみじん切りにし、①のじゃがいもと卵、塩を加える。

❸
①の絞り汁の上澄みを捨て、器の底に残ったデンプンを②と合わせて混ぜる。

❹
フライパンにたっぷりの油を熱し、③の生地をスプーンで1杯ずつ取り、形を平たく整えて、中火で両面が茶色になるまで焼く。

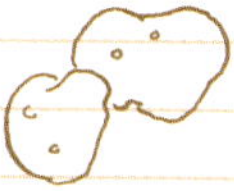

じゃがいものパンケーキは
ドイツのお祭りでよく
売られている人気のおやつです。
大きな鉄板にたくさん焼かれる
様子は、日本のお好み焼きに
似ています。
私はいつも、りんごのピューレを
かけて食べます。

料理にお菓子に大活躍。りんごの使い方

夫の両親はたくさんのりんごの木を栽培しています。秋になって収穫を終えると、義父はりんごのジュースとワインをつくり、義母はピューレをつくったり、ソースに使ったり、干してスナック菓子にしたり、ケーキを焼いたりします。りんごの実をくり抜き、アーモンドやレーズン、シナモン、バターを詰めてオーブンで焼くこともあります。クリスマスにはりんごの入ったパンを焼きます。

私が子どもの頃は、自家製のりんごジュースをソーダ水で割って、昼食時と夕食時に必ず飲んでいました。これは「Apfelschorle（アプフェルショーレ）」といい、すっきりとした甘さが食事によく合う、ドイツでポピュラーな飲みものです。

自宅にジュース製造機がない場合でも、りんごジュースをつくることができます。

りんごの甘酸っぱい香りに包まれて作業するのは楽しく、市販のジュースとはひと味もふた味も違うのです。時間はかかりますが、とてもかんたんな方法です。

りんごジュース

❶
りんごを小さく切って鍋に入れ、ひたひたになるくらいに水を加えます。そのまま20分ほど火にかけて、りんごが煮くずれたら火を止めます。

❷
背もたれのない椅子を逆さまに置き、それぞれの脚に清潔な布巾の端を結びつけます。その下に大きなボウルを置いて、布巾の上に①を注ぎます。すると、翌日にはボウルの中においしいりんごジュースが完成しています。

家庭用の小型ジューサーを使って、りんごと他の野菜やくだものと合わせてつくることもあります。1才になったばかりの私の息子は、りんごとにんじんのミックスジュースが大好きです。ジューサーにかけるときにほんの少しショウガを入れることで、味にしまりが出るうえ、からだを冷やさず風邪予防にもなります。

つくり方

❶
オーブンを200℃に温めておく。
Ⓐをボウルに入れてよく混ぜる。

❷
パンを1cm幅にスライスする。りんごは皮をむいて芯をとり、5mmほどにスライスし、レモン汁をかける。

❸
グラタン型の内側にバターをぬり、底にりんごをおいてⒶを少し振りかけ、その上にパンをのせて広げる。りんご・Ⓐ・パンの順に重ねていき、型のふちまで積みあがったら、Ⓑを混ぜてかける。

❹
全体に汁気がまわるように、手のひらで重ねたものを軽く押し、バターを表面に散らす。

❺
④を温めておいたオーブンで約30分間焼き、表面にきれいな焼き色がついたら取り出す。

❻
少し寝かせた後、粉砂糖をふるいにかけながら表面に散らす。

りんごのグラタン

材料（2人分）

パン…120g
（フランスパン、食パンなど）

りんご…2個
（紅玉など小さくて酸味のある種類がベスト）

レモン汁…½個部分

バター…大さじ1
（型にぬるときに使用します）

Ⓐ
- 砂糖…40g
- シナモン…小さじ1

Ⓑ
- 牛乳…カップ1½
- 卵 3個
- バニラオイル 3滴

バター…適量
（グラタンの表面に散らします）

粉砂糖…大さじ1

パンが残って少しぱさついてきたら、
りんごと合わせてグラタンを
つくります。
ちょっとお腹がすいたときに
便利な一皿。他のくだものでも
おいしくできます。

りんごのグラタンに
バニラソースをプラス

材料（4人分）

牛乳…カップ1¼
卵…1個
砂糖…大さじ2
片栗粉…小さじ1
バニラビーンズ…1本
（またはエッセンス…数滴）

つくり方

❶
すべての材料を小さめの鍋に入れて泡立て器で混ぜ合わせる。中火にかけ、泡立てながら沸騰するまで熱する。とろりとなったら、粗熱をとってから冷蔵庫で冷やす。

バニラソースはドイツの基本的なデザートソースです。りんごのグラタンだけでなく、チョコレートプリンなどにも合います。

Vanille

りんごのリング

私はりんごを干してつくる「りんごのリング」が大好きです。つくり方はとってもかんたん。芯をくり抜いて皮ごとスライスし、室内のラジエーターの上に2週間ほど置いておくだけで、甘酸っぱいドライスナックのできあがりです。室温で乾燥させるのが難しい場合は、50℃くらいの極低温に設定したオーブンに4時間ほど入れるだけでほどよく乾燥できます。その際はオーブンのドアをほんの少し開けておき、蒸気を逃がすことがポイントです。

りんごのリングは、瓶に入れておくと半年くらいは保存できますが、日本は湿気が多いので、瓶の底にお米を入れてからリングを入れるなど、乾燥を保つ工夫をするといいと思います。

もしもスーパーで購入したりんごを使うときは、農薬がついている場合がほとんどなので、皮をむいてからつくるほうが安全です。

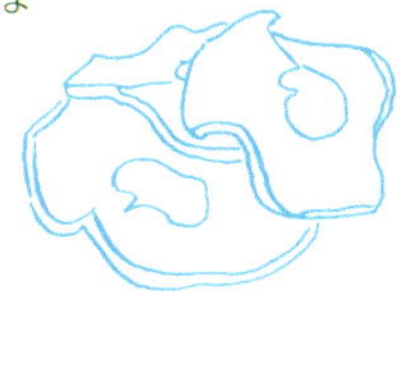

Apfel

ドイツで栽培される
くだもののうちで、もっとも
収穫量が多いのがりんごです
自宅の庭でりんごの木を
育てている人がたくさんいる
ので、昔から家庭料理に
よく使われています。

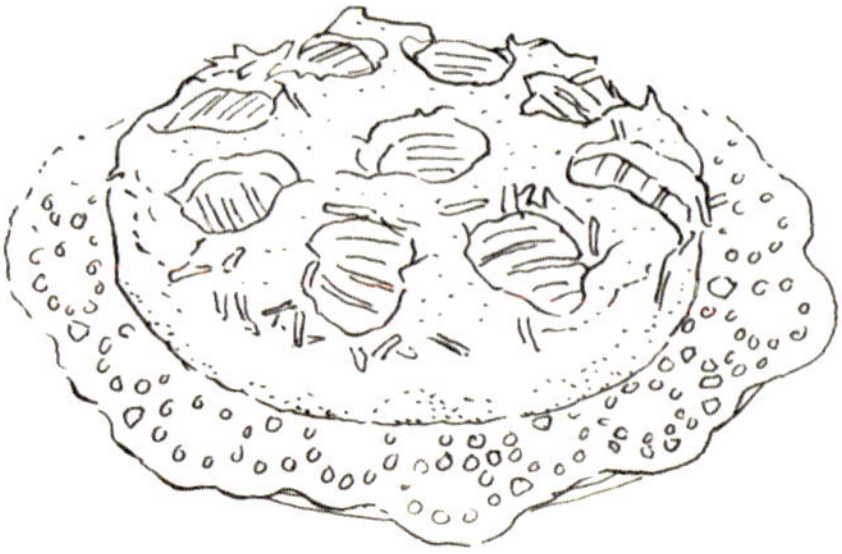

りんごのケーキには
かわいいペーパーレースを
添えて

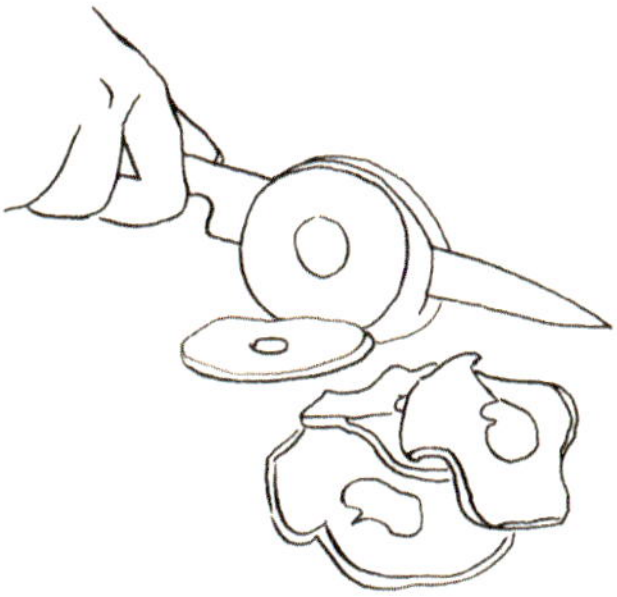

フレッシュなまま食べるのは
もちろん、ケーキ、ジュース、
スナック、ピューレなど、さまざまに
りんごを活用します。

私の家族は、
りんごジュースのソーダ割を
毎日飲んでいます。

季節のくだもので ジャムとケーキをつくる

私の母の庭ではさまざまくだものが育っています。夏はアカフサスグリ、クロフサスグリ、キイチゴ、ブラックベリー、イチゴ、グズベリーなど、私の大好きなベリー類もたくさん実をつけますから、起きたらすぐに庭に出て、朝食のためのベリーを摘むのが実家で暮らしているときの私の日課でした。

朝の新鮮な空気の中でまずは大きな深呼吸。そして、まだ赤みを帯びた太陽の光を浴びながら、熟れたベリーの実を一つひとつ摘んで、1日がはじまるのです。

摘みたてのベリーでつくったジュースは濃く、からだの隅々まで自然のエネルギーを運んでくれます。ミューズリーやクワルク（ドイツの乳製品）と合わせて食べてもおいしいです。

日本で暮らしているときは、イチゴ以外のフレッシュなベリー類を探すのが難しかったため、私は急速冷凍されたブルーベリーやキイチゴを買って、ヨーグルトにかけたり、デザートソースに使ったりしました。

ジャムは新鮮な旬のフルーツが採れるときに、たくさんつくってストックしておくととても便利で、料理をいっそう素敵なものにしてくれます。お菓子やデザートづくりに役立つだけでなく、この本の中でも紹介しているように、じゃがいものパンケーキ（P79）にりんごジャムを添えて食べるなど、料理の付け合わせとしても活躍します。

私の夫の実家にはプラムの木が3本あるので、義母は9月頃になると収穫したプラムでジャムやケーキをたくさんつくります。

フルーツケーキをたくさんつくって食べきれないときは、冷凍することもあります。もちろんケーキの種類にもよりますが、焼き菓

Zwetschge

子風のものであれば冷凍で保存し、食べるときに軽く霜を落として約10分間グリルするだけで、焼きたてのようにおいしくいただけます。

　ケーキの冷凍と聞くと日本のみなさんは意外に思われるかもしれませんが、ドイツのスーパーにはいろんな種類の冷凍ケーキが売ってあり、室温で自然解凍するだけで、おいしくいただけるものもたくさんあります。

森のワイルドベリージャム

子どもの頃、夏は祖母と一緒に森に入り、バケツいっぱいにラズベリーを摘んで持ち帰り、ジャムをつくってもらいました。野生のラズベリーはとても小さくて、一つひとつ摘むのは面倒くさいけれど、濃くてワイルドな味がします。

夏の森では、誕生パーティーなど家族のイベントをすることもよくありました。一度、遅くまで遊びすぎて、森を出るのが遅くなってしまったことがあります。昼間の森は樹々の葉が太陽を遮って涼しいけれど、夜の森は暖かいのだと、このときはじめて知りました。ホタルが静かに舞う姿はあまりに幻想的で、これは夢の世界だと思いました。

自分の得意のケーキでおもてなしをする

ドイツでは家族の誕生日や洗礼のお祝い、お葬式のときなど、何か行事があるたびに自家製ケーキとコーヒーでお客様をおもてなしします。ですから、私にとってケーキは「みんなで食べるお菓子」というイメージです。

女性陣がそれぞれが得意のケーキを焼いてもち寄るので、テーブルにはたくさん並びます。その中から好きなケーキを自分で皿にとって食べるのです。

私はケーキが大好きですし、一つひとつのケーキによってつくった人が違うので、すべてのケーキを食べないと悪いような気がしてがんばるのですが、ドイツのケーキは一切れが大きく、日本のケーキの2倍ほどのサイズがあるので、行事があるたびに太ってしまいます。

ドイツのケーキは、ふたつの種類に大きく分けられます。ひとつは、「クーヘン」という、もっともシンプルな日常のケーキ。ほとんどの場合が、生クリームなどで覆われていない素朴な焼き菓子で、日本でよく知られるバームクーヘンやバウンドケーキもそのひとつです。

もうひとつは、「トルテ」といい、スポンジ生地の間にクリームやフルーツがサンドされていて、外側もクリームなどで装飾されたおしゃれなケーキを指します。日本でいうデコレーションケーキに値するものです。

私がよくつくるのは、赤ワインのケーキ。ミルクの代わりに赤ワインを使いますが、焼くことでアルコールが飛ぶので子どもでもおいしく食べられます。

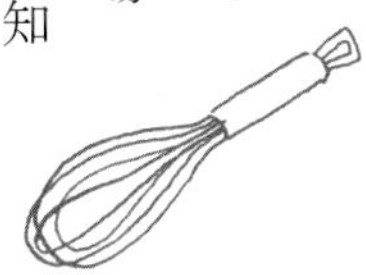

つくり方

❶

オーブンを170℃に温めておく。Ⓑのバターを温め液状にしておく。

❷

Ⓐをふるいにかけ、ボウルにあける。Ⓑを別のボウルに入れ、泡立て器でよく混ぜ合わせる。さらにⒷをⒶに入れて、泡立て器でよくかくはんする。削りチョコを加えて混ぜる。

❸

パウンドケーキ型（18㎝）の内側をバターでぬり、生地を注ぎ広げる。170℃のオーブンで約50分焼く。

❹

膨らんだ状態がしぼまないように、木ベラなどをドアに挟み、ゆっくりオーブンの中で冷ます。

❺

生クリームをハンドミキサーで泡立てる。砂糖・シナモンを加えて混ぜる。

ポイント！

→　赤ワインケーキにはアイシングがよく合います。粉砂糖に赤ワインを少し垂らして、きれいなピンク色のアイシングをケーキにのせると、見た目もかわいらしくなります。

赤ワインケーキ

材料（4人分）

→赤ワイン生地

Ⓐ
- 小麦粉…150g
- ココアパウダー…大さじ2
- 砂糖…100g
- ベーキングパウダー…5g
- シナモン…小さじ1

Ⓑ
- バター…125g
- 赤ワイン…カップ ¼
- バニラオイル…2滴

- 卵…2個
- 削りチョコ…50g

→シナモンクリーム

- 生クリーム…カップ1
- 砂糖…大さじ1
- シナモン…小さじ ¼

ケーキにまつわる物語

ドイツには「蜂のひと刺し」というケーキがあります。そのユニークな名前は、ある物語が由来になっています。

昔むかしあるところに、寝坊が大好きな町がありました。住民のだれもが遅くまで寝ているため、隣国は早朝の奇襲を企ててこの町を奪ってしまおうと考えました。

そしてある日の明け方、隣国の兵士たちがそろりそろりと町に近づいたのですが、その気配にたった一人、町のパン職人が気がつきました。

寝坊助だらけの町であっても、みんなと一緒に起きていては、朝食となるパンが間に合わないことから、いつもしぶしぶ早起きしていたのです。

パン職人は勇敢にも蜂の巣をつついて、たった一人で兵士たちを追いやり

ました。そうして勝利のお祝いにふるまわれたケーキに「蜂のひと刺し」と名前がつけられたのです。

ドイツにはこのような物語がたくさんあります。そして、多くの物語にはとても怠け者の人たちが登場し、愚かな行動から我が身を脅かすので、私たちに多くの教訓を示すのですが、不思議なことにいつも物語の最後はハッピーエンドです。

おそらく、私たちドイツ人は勤勉である一方、心のどこかではこの物語の住人たちのように、いつも寝坊したり怠けたりしていても偶然が味方していい結果を招く、ということを夢みているのかもしれません。

私自身もこの物語が大好きです。現実ではこんな素敵な偶然はなかなかありませんが。

Schwarzwald

黒い森地方（シュヴァルツヴァルト）は、南ドイツにある山地です。豪雪や暴風雨に耐えうるようつくられた木組みの民家など、たくさんの観光スポットがあります。

民族衣装も有名で、未婚女性は赤いボンボンのついた帽子をかぶります。

鳩時計の発祥の地は、ここ黒い森。
他にも、ジュニパー（西洋ネズ）や
モミの木の枝を燃やして薫製
された生ハム、サクランボや洋梨など
からつくられた蒸留酒など、
特産品もたくさんあります。

黒い森地方の
特集品である
チェリー酒を使った
黒い森ケーキ。
その色と形は
この地方の民族
衣装を思わせます。

→チェリーソース

❺

サワーチェリーをフルーツと汁に分ける。いくつかきれいなチェリーを飾り用に選んでおく。

❻

汁カップ1¼、赤ワイン、Ⓑを鍋に入れ、強めの中火で約10分間煮る。量が半分になるまで煮込んだら水溶き片栗粉を注ぎ、とろみがつくまで約2分間煮る。フルーツを全部加え、さらに30秒ほど沸騰させて完全に火を消し、室温で冷やす。

→マジパンクリーム

❼

生クリームをハンドミキサーで泡立てておく。

❽

Ⓒをボウルに入れ、混ぜ合わせる。⑦を加え、泡立て器でさっくりと混ぜる。

❾

スポンジシートを好きな大きさの型抜き器で丸く型抜きをする。

❿

⑨・⑧・⑥をきれいに重ねて、最後に刻んだチョコレートを振りかけ、食べるときまで冷蔵庫に冷やしておく。

黒い森のケーキ

材料（2人分）

→スポンジシート

卵…3個

砂糖…50g

Ⓐ
- 純ココア…大さじ2（砂糖を含まないもの）
- 小麦粉…50g

→チェリーソース

サワーチェリー…500g（1瓶）

赤ワイン…カップ1

Ⓑ
- 砂糖…大さじ3
- シナモン・クローブ（粉）…各一つまみ

水溶き片栗粉…大さじ1（片栗粉大さじ1を同量の水で溶く）

→マジパンクリーム

生クリーム…カップ1

Ⓒ
- ヨーグルト…150g
- アーモンド粉末…50g
- 粉糖…50g
- キルシュ…大さじ1（チェリーブランデー）

チョコレート（刻む）…20g

つくり方

→スポンジシート

❶

オーブンを180°Cに温めておく。天板にはクッキングシートを敷いておく。

❷

卵は卵黄と卵白に分けて、2つのボウルにあける。卵白にレモン汁2～3滴を絞り、ハンドミキサーで角がピンと立つまで泡立てる。

❸

卵黄と砂糖をボリュームが2倍になり薄黄色になるまで泡立てたら②を加える。Ⓐをふるって、泡立て器でさっくりと混ぜる。

❹

①の天板に③を流し、ゴムベラで平らにし、15分間焼く。

フェーダーヴァイサーを玉ねぎのケーキで味わう

9〜10月にかけて、ワインの生産地域を通ると、近隣のブドウ園には「フェーダーヴァイサー（Federweisser）」と手書きされた看板が掲げられます。これはまだ発酵途中の白く濁った新しいワインのことで、この時期だけ出回る秋の味覚です。最初はアルコール度が低くジュースのような甘さですが、置いておくとだんだんアルコール度が増してワインに近づいていくので、好みの味で飲むことができます。絶えず発酵しているので瓶は密封されず、中のワインが呼吸できるようにフタがゆるい状態で売られているので、買ったときはこぼさないように注意が必要。私たちはいつも車で買いに行くので、夫は運転、私は慎重に瓶を持つのが役目です。

フェーダーヴァイサーを飲むときは、玉ねぎのケーキを食べるのが伝統的なスタ

イル。ケーキといっても甘くなくて、キッシュのような味わいです。このケーキに使われるキャラウェイシードは、ワインと玉ねぎの甘さをうまく調和させます。また、お腹にガスがたまるのを防ぐ効果もあるので、このレシピに欠かせないスパイスです。

→中身

❸

フライパンにバターを熱し、玉ねぎを入れ、弱めの中火で30分間甘みが出るまで炒める。その際、最初はフタを閉め、焼き色がつかないようにときどき混ぜる。最後の5分間はフタをとり混ぜながら煮つめる。

❹

Ⓐをボウルに入れ、③を加え、混ぜ合わせる。

❺

天板より大きめにカットしたクッキングシートの四隅に切り込みを入れて、天板のコーナーで重ね合わせ、側面の立ち上がり部分をつくる。

❻

②に打ち粉をふって、⑤に均等になるように伸ばす。その上に④を入れて広げ、190℃に温めたのオーブンで約45分焼く。

玉ねぎのケーキ

材料（2人分）

→イースト生地

小麦粉…250g
ドライイースト…6g（小さじ2）
砂糖…ひとつまみ
牛乳…カップ½
バター…80g

→中身

玉ねぎ（みじん切り）
…4〜5個（1kg）
バター…60g

Ⓐ
小麦粉…60g
サワークリーム…180g
ヨーグルト…大さじ4
卵…2個
キャラウェイシード（ホール）
…大さじ1
塩…大さじ1

つくり方

→イースト生地

❶
小麦粉、砂糖、ドライイーストをふるいにかけボウルにあける。

❷
バターを電子レンジで30〜40秒にかけて溶かし、牛乳と混ぜ合わせ、①に加える。約5分間手でよくこね、弾力ができたら、30分間暖かい場所で寝かせておく。

ポイント!

→　ゼラチンが溶けたらしばらくおいて、少し冷めたところで③に加える。ゼラチンが熱すぎたら、底によどみ、冷めたすぎたら固まり、クリームと合体しません。

「ベルリンの空気」という
古い曲があります。
1897年に発行された
料理の本には、同じ名前の
デザートが掲載されています。
そして現代、ベルリンには
「ベルリンの空気」の缶詰が
お土産として売られ
ているのだとか。
ベルリンは自由で、
どこか特別な感じがするの
でしょうね。このふんわり
デザートもベルリンの気楽さを
感じさせます。

ベルリンの空気
ふんわりデザート

材料（6人分）

板ゼラチン…1½枚
白ワイン…大さじ2
レモン汁…大さじ4
卵…3個
砂糖…70g
バニラオイル…2滴
シナモン…一つまみ

つくり方

❶
レモン汁と白ワインにゼラチンを加え、電子レンジでゼラチンが完全に溶けるまで20秒ほど加熱してよく混ぜる。

❷
卵を卵黄と卵白に分けて、卵白を角が立つまで泡立てる。

❸
卵黄、砂糖、バニラオイル、シナモンパウダーを合わせ、薄い黄色になるまで泡立て、①を加えて混ぜる。

❹
②と③を泡立て器でさっくりと合わせる。型に入れ、約3時間冷蔵庫で冷やしてできあがり。

ミックスベリーソース

材料（6人分）

ベリー（生または冷凍）…250g
砂糖…大さじ2
水…大さじ3
オレンジリキュール…大さじ1

前のページでご紹介した
「ベルリンの空気ふんわりデザート」には、
ミックスベリーソースがよく合います。
他にも、アイスクリームやヨーグルト、
そして肉料理に合わせても
おいしいです。

つくり方

❶
生のベリーの場合は洗う。冷凍の場合はあらかじめ解凍しておく。このときに、形のきれいなベリーを飾り用に数個とっておく。

❷
残ったベリー、水、砂糖を鍋に入れて、煮立てる。

❸
②をザルなどで裏ごしし、オレンジリキュールを加えて混ぜる。

貧しい騎士のケーキ

「貧しい騎士のケーキ」は、ドイツのあらゆる地域に1000年ほど前から伝わる古いレシピです。
私の夫の家族が住んでいる地域では、振りかけたシナモンパウダーが赤くさびついているように見えるので、「さびた騎士のケーキ」と呼ばれています。
日本のフレンチトーストとよく似ています。

材料（2人分）

食パン…5枚
卵…2個
牛乳…カップ½
パン粉…大さじ4
砂糖…50g
シナモンパウダー…小さじ½

つくり方

❶
食パンは耳を切り取り、4つ切りにする。
❷
卵、牛乳をよく混ぜ、①をしばらく漬けておく。
❸
パン粉、砂糖、シナモンパウダーをよく混ぜる。
❹
②を③にまぶす。
❺
フライパンにバターを溶かし④を中火できつね色になるまで両面を焼く。

オーブンを使いこなして かんたん・豪華な食卓を演出

オーブンはキッチンにおける私のよきパートナー。なぜなら、材料を下ごしらえしてオーブンに入れるだけで、ダイナミックで魅力的な料理が自動的にできあがるからです。オーブンは私の代わりにじっくりじっくり素材の旨味を引き出し、キッチンにいい匂いを充満させて、おいしい料理へと仕上げてくれます。

それまでの間、私はつけ合わせのサラダをつくったり、ゆっくりと本を読んだり、子どもと遊んだりと、他のことに時間を使うことができるのです。

お客様をおもてなしするときも、キャセロールをオーブンに入れて、食前酒やアペリティフを事前に用意しておけば、お客様を放っておかずに一緒におしゃべりを楽しむことができます。焼きあがってまだジュウジュウ音を立てるメイン料理を

テーブルに運ぶと、その場が一瞬で華やかになって盛り上がります。

私はいつも買いものを終えたら、にんじんやじゃがいもなどの野菜はほどよい大きさにカットして冷凍しておきます。パスタも歯ごたえが残る程度の硬さに茹でて、やはり冷凍。そうすると、忙しいときはそれらを冷凍庫から取り出してグラタン皿に入れ、上からソースをかけてオーブンに入れておくだけで、おいしい一皿ができあがるのです。

ドイツではお父さんも子どもたちも昼ご飯を家で食べる場合が多いので、みんなが帰ってくる時間にできあがるようにオーブン料理をセットしておくと、慌てることなくアツアツの料理をサーブすることができます。オーブンなしではグラタンやスフレはできませんし、大好きなケーキを焼くこともできません。

まだオーブンがなかった時代、ドイツの主婦たちは自宅でパンやケーキの生地を準備して、パン屋さんなど窯のある店に持っていき、そこで焼いてもらっていたのだそうです。ですから、当時の主婦たちにとって、家庭用オーブンは革命的な調理器だったと思います。

オーブンを使いこなすには、いくつかのポイントがあります。まず、自分のオーブンの癖を知っておくこと。設定温度まで余熱する時間や火の強さなど、それぞれのオーブンによって違うため、最初の頃はメモをとっておくと役に立ちます。何度も使ううちに馴染んでくるので、そうなったらオーブンはあなたの強い味方になってくれると思います。

また、オーブン料理は食欲をそそる焼き色が大事です。とはいえ、表面がいい色に焼けていても中身がうまく焼けているとは限りませんので、必ずナイフや竹串を刺して中の焼け具合を確認しましょう。まだのようなら、それ以上表面が焦げないようにアルミホイルをかけてからおいしく仕上がるまでさらに焼きます。逆に中身は焼けているけれど表面の焼き色がまだというときは、上段の火だけを使って仕上げます。

オーブン料理はできてから5分ほど置くと、味が落ち着いてさらにおいしくなります。また、大きな肉の塊を焼いたときなどは、テーブルの上でカットするとパフォーマンス性も出て食卓が楽しくなります。

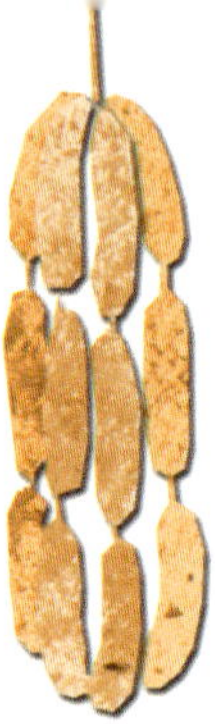

ソーセージは大きな鍋で
大量につくられます。その中の
いくつかは、皮が破れて中身が出て
しまうこともあるのですが、
それらはスープのよい出汁となるので、
まかない料理になることが
多いようです。

Wurst

ドイツの精肉店には、約200種類ものハムやソーセージ、パテなどが売られています。

精肉店で手づくりされるものは新鮮で、スーパーで買うよりおいしいものが手に入ります。

つくり方

❶
オーブンは200°Cに温めておく。

❷
豚肉を茹で、皮が白くなったら鍋から取り出し、キッチンペーパーで水気をとっておく。

❸
包丁で豚肉の皮に1cm間隔で斜に切れ目を入れ（肉の赤みに傷をつけないように注意）、皮に塩、肉に塩こしょうを刷り込む。

❹
皮を下にしてグラタン皿に入れ、ざく切りにしたⒶを散してビールを注ぐ。200℃のオーブンで30分間焼く。

❺
小さい鍋に弱火でバターを溶かす。粉砂糖を加えて、キャラメルになるまで煮る（粉砂糖は焦げやすいので注意）。

❻
⑤にトマトペーストを加えて混ぜ、コンソメスープを入れて、煮込む。

❼
④の豚肉ひっくり返し、皮を上にむけてさらに60分間オーブンで焼く。ときどき煮汁を肉にかける。

❽
⑥のソースに⑦の煮汁を加えて、水溶き片栗粉を入れて、1分間ほど煮る。とろみがついたら、肉に添えてできあがり。

ポイント!

→　皮がカリッとなり、中がジューシーに焼きあがるとベストです。

豚肩のオーブン焼き

材料（4人分）

皮付き豚肩肉…800g
Ⓐ にんじん…小1個
　玉ねぎ…2個
ビール…カップ4
コンソメスープ…カップ1
粉砂糖…小さじ1
バター…小さじ1
トマトペースト…小さじ1
Ⓑ ローレル…1枚
　キャラウェイシード（粉）…小さじ½
塩…小さじ½
こしょう…少々
水溶き片栗粉…大さじ1（同量の水で溶く）

Landschwein

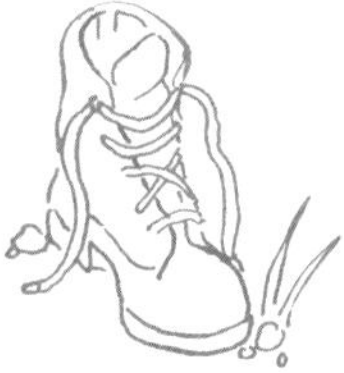

アウトドアで役立つアイディアレシピ

日本で暮らしていたとき、友人たちと富士五湖のキャンプ場へ行ってアウトドアを楽しんだことがあります。みんなで焚き火を囲んで食事をしたのですが、私はそのとき「棒切れのパン」をつくりました。

棒切れのパンとは、辺りに落ちている木の枝をナイフで研ぐようにして皮を剥がし、そこに家から持参したパン生地をトルネードのように巻いて焚き火にくべて、焼いて食べるのです。

火の中でパンがほどよく膨らみ、焼き色がついたら食べ頃のサイン。焼きたてをちぎるときは指をやけどしないように注意が必要ですが、薪の火で焼き上げたパンはこんなにもおいしいものかと驚くほどです。

棒切れのパンの生地が残ったら、翌日おいしくいただく方法もあります。鍋の内側にバターをぬって残ったパン生地を詰め、火にかけるだけ。すると、外側がカリカリと香ばしく、中はふっくらしたおいしいパンができあがります。口の中にバターの風味がふんわり広がり、焚き火で焼いたときとはまた違う味わいがします。

富士五湖に行ったときは、翌朝その方法でパンを焼き直し、リュックにしのばせて山を登り、富士山を眺めながらみんなで一緒に食べました。忘れられない思い出です。

このパン生地はフライパンで焼くだけでもおいしくいただけます。

アウトドアのレシピといえば、バーベキューのときにできるかんたんなデザートもあります。

　砂糖を少し入れたアルミカップに、スライスした桃やプラムなど水分の多いくだものを入れて、バーベキューの鉄板の上に置きます。別のアルミカップにはパンのスライスを入れて焼いておき、少し焦げ目がついたらくだもののカップにパンを移し、バターを落としてさらに焼きます。

　ハンバーグをつくるときのように挽き肉と調味料をあらかじめこねておき、バーベキューのときにソーセージのような形をつくって焼くこともあります。かんたんにできる自家製ソーセージは、人気の高いアウトドアレシピです。

月の満ち欠けを重視するウェディングの風習

ドイツには結婚にまつわるユニークな風習がいくつかあります。たとえば、日本では式の日取りを決めるのに「大安かどうか」を気にするようですが、ドイツでは月の満ち欠けを重用視します。それは、月が欠けている期間に結婚すると幸運を逃すと伝えられているからです。同様に、太陽が昇っている間であれば幸福度が上がるともいわれるため、午前中に結婚します。

また、花婿が式の前に花嫁衣装を見ると不運を運ぶと伝えられているので、花嫁は花婿から隠されます。私は日本にいるときに結婚したので、式は挙げずに区役所に婚姻届を提出しただけですが、それでも当日着るドレスを夫の目の届かないところに隠しました。

その日私は黒いシルクのブラウスに赤いスカート、赤いベレー帽を身につけたのですが、区役所に到着したときにとてもがっかりしました。なぜなら、私たちの前に婚姻届けを提出したカップルはTシャツとジーンズ姿でしたし、儀式的な雰囲気はどこにもなく、お祝いムードがまったく感じられなかったからです。ドイツでは教会で式を挙げない人たちは登記所で「民事婚」という形をとりますが、それでも多くの場合が結婚式のための特別な部屋があって、音楽が流れ、登記官がスピーチをしたり詩を朗読したりして美しく行われます。

ドイツで教会婚をする人たちには、もうひとつおもしろい風習があります。式が終わったら、新郎新婦が教会の外で丸太切りをするのです。両端に持ち手のある大きなのこぎりを2人でもち、波長を合わせて丸太を切るのはかんたんなことではありませんが、押したり引いたりしながら自分たちのリズムをつかめたら、丸太をスムーズに切ることができます。これは、相手に自分の意思を押しつけるばかりでは決してうまくいかない、お互いが相手に心をよせることが大切、と結婚生活の秘訣を比喩した儀式なのです。

ドイツでは、子どもが生まれたら、祖父母から「長く使えるもの」を贈る習慣があります。私が生まれたときは、父方の祖母から陶製のベルが贈られました。ベルには私の名前、生まれた日付、体重と身長が書かれており、私がまだ小さかった頃は、母は私を呼ぶときにそのベルを鳴らしていました。

私の息子が生まれたとき、その祖母は「Pfitzauf」という焼き型をくれました。これは、私が生まれ育った南ドイツでよく食べられているお菓子（ペストリーのようなもの）をつくるときに使われます。焼くとふっくらふくれあがる、かわいい形のデザートです。

この型を持っていなくても、マグカップでかんたんにつくることができます。

ふくらむデザート

材料（4人分）

小麦粉…100g
牛乳…カップ½
卵…3個
バター…大さじ1（無塩バターの場合は、塩小さじ¼を加える。）
バター…少々（型ぬり用）

ポイント！

→　途中でオーブンのドアを開けると、ふくらんだ生地がしぼんでしまうので注意しましょう。

つくり方

❶
電子レンジでバターを溶かしておく。オーブンを200℃に温めておく。

❷
小麦粉をふるい、ボウルにあける。

❸
卵と牛乳をボウルにあけて混ぜ合わせ、その半分の量を②のボウルに加えて、泡立て器で丁寧に混ぜ合わせる。

❹
③に残りの卵液と①のバターを加えて、なめらかな生地をつくる。

❺
4つの型の内側にバターをぬり、④の生地を半分まで注ぐ。

❻
天板に⑤をのせて、オーブンで30分間焼く。焼きあがったら10分ほどそのまま置いてできあがり。

ポマンダーはクリスマスの香り

クリスマスが近くなると、私たちはオレンジやレモンなどにクローブを突き刺し、乾燥させてフルーツポマンダーをつくります。「ポマンダー」とは香り玉のことで、ヨーロッパに古くから伝わる病気予防のお守りのようなものです。

クローブを刺すときに美しい模様をつくったり、りぼんで飾ったりすると、素敵なオーナメントになりますし、吊しておくだけで爽やかでスパイシーな香りが部屋中に広がります。

フルーツポマンダー

材料

オレンジ
クローブ
爪楊枝

つくり方

❶
オレンジに爪楊枝で穴を開け、そこにクローブを刺していく。

❷
リボンをつけるか、お皿に飾るかすればできあがり。

ポイント！

→　クローブを刺すときに果樹が垂れるので、新聞紙などの上でつくりましょう。
→　湿気の少ない場所に置くと、ほどよく乾燥します。

家族、そして大切な人と過ごす季節のイベント

私は日本のお花見が大好きです。ピンク色に染まった桜並木を歩き、だれもが花を仰ぎ見て、目を細めて春の訪れを喜ぶ。その風景はとても美しいと思います。ドイツでも散歩やピクニックのときに季節の花を楽しむことはありますが、特定の花を愛でるために人が集まるということはあまり聞いたことがありません。

しかし、ドイツにも花に関連したイベントがひとつだけがあります。12月4日の聖バルバラの日、私たちは伝統的に蕾みのついたサクランボやりんご、ニワトコなどの果樹の枝を切ります。とても寒い時期なので、枝が凍っていることもあります。

切った枝は家に運び込んで、枝の根本に4〜5㎝の裂け目を入れたり、ハンマー

で打ったりして木の繊維を開き、枝が水分を取り込みやすくします。そして、枝を真水に入れて涼しい場所に3～4日置いてから、花瓶に少しの肥料を混ぜ合わせた水を満たして枝を挿すのです。

そうして手をかけた果樹の枝をリビングルームの陽当たりのいい場所に置きます。そうするとちょうどクリスマスイブの日くらいに、花が咲くのです。私はこの習慣を「冬の花見」と呼んでいます。

この習慣は、キリスト教を信仰したことで断罪された美しい女性、バルバラの伝説に由来します。彼女は刑務所に向かう途中、桜の木の枝を手折り獄中に持ち込み、壺に生けました。そして、処刑の日、その枝に花が咲いたといわれています。

学生の頃は、聖バルバラの日に切った枝で友人たちとよく恋占いをしました。切った枝に好きな人の名前をもじって名付け、最初に花が咲いた枝の持ち主は想い人とデートできるといわれていたからです。このデートが実現したかどうか定かではありませんが、開花に想いをよせて一喜一憂したことだけはよく覚えています。

お花見やお月見、雪見のように、日本には季節の自然を味わう習慣がたくさんあ

ります が、ドイツに古くから伝えられた習慣やイベントは、聖バルバラの日のように宗教的な意味合いを含んでいるものがほとんどです。

その中で、クリスマスと並ぶ大きなイベントがイースター（復活祭）です。家族で過ごすのが習慣なので、学校もお休みになります。イースターが近づくと、ドイツの街は卵やウサギの形をした飾りものやチョコレートなどでいっぱいになります。卵とウサギは「豊かさ」のシンボルであり、日本人にとっての桜のように、長い冬を過ごした私たちに春の訪れを告げるモチーフなのです。

私たちはこの日を楽しみに、卵を多彩なパターンでペイントして飾ります。子どものいる家庭では、親たちが小さなプレゼントを卵やウサギのチョコレートと一緒に庭や家の中に隠し、子どもたちがワクワクしながらあちこちをくまなく探すというのが、イースターの日のほほ笑ましい光景です。

アドヴェントの思い出

イブの4週前の日曜日からはじまる「アドヴェント」の期間は、あちこちにクリスマス市が立ち、国中が華やかになります。家の中にもツリーやリース、苔や松ぼっくりでつくったキリストのゆりかごなどを飾り、クリスマスのムードたっぷりです。

イブの日までのカウントダウンを楽しむ「アドヴェント・カレンダー」は、日付部分が窓やポケットになっていて、中にお菓子や小さなおもちゃが入っており、クリスマスに1日近づくたびに小さなプレゼントをもらえる仕組みになっています。

我が家のアドヴェント・カレンダーは母手づくりのもので、三角帽子を逆さまにした形のポケットが日付順にずらりと吊り下げられました。中にジグソーパズルのピースが入っていたときは、絵が少しずつつながるのがとてもうれしかったです。成長とともに中に入っているものが変わり、ニキビやダイエットが気になる年頃になるとハーブのティーバッグが入っていたものです。

このカレンダー、実はいろいろな使い方ができます。以前、私の友人が南米に旅行することになったとき、私はこの方法を応用して、出発までのカウントダウンを楽しむカレンダーをつくり、彼女に贈りました。私はアルゼンチンに行ったことがあったので、それぞれの日付のポケットに、小さな地図やおすすめのレストランなどちょっとした情報を書いたメモを忍び込ませたのです。きっと彼女は旅行当日まで楽しみにポケットを開けてくれたと思います。

入学前の子どもには、学校で使う文具を忍び込ませておくのもいいですね。鉛筆やクレヨンなどが入っていて、入学式当日には全部揃っている仕組みにすると、子どもたちは毎日ワクワクしながらその日を待つと思います。

4

おばあちゃんから教わった暮らしの知恵

目についたら拭く
ゴミを見つけたら捨てる

「ドイツの女性はお掃除が得意」と思われていますが、私は苦手です。苦手だからこそ、ホコリが目についたら拭く、ゴミを見つけたら捨てるなど、普段の行動の中でその都度きれいにすることを習慣にしています。

バスルームもお風呂からあがるときにワイパーで水滴を落としたり、鏡を拭いたりするだけでカビも抑えられます。

トイレも使ったあとすぐにブラシをかけておくと水垢がたまらず、いつもきれいな状態です。どちらもあっという間にできることなので、まったく苦になりません。

「その都度」のミニ掃除を習慣にしていると、家の中をある程度きれいに保てるので、大掃除のときもそれほど面倒ではありません。

私の場合は、部屋全体がぼんやりしてきたなあと感じたときに、テレビの裏側やベッドの下などを覗き込んでホコリを取ったり、棚の上にあるものを全部おろして拭いたりするくらいです。

最近では専用洗剤の種類がたくさんあって、食器用、シンク用、バスタブ用、トイレ用、床用などがそれぞれ売られていますが、基本的な中性洗剤の他は家にあるものを使って十分お掃除できます。

次のページでは、祖母や母から教わったドイツに古くから伝わるお掃除の方法を少しご紹介したいと思います。

シンクやバスタブなどの水まわり

水垢はキッチンペーパーにお酢を含ませて一晩置いておきます。翌日、キュッキュと磨き、最後に乾いた布で拭きましょう。

窓ガラス

お酢を入れたぬるま湯に雑巾をつけて絞り、窓ガラスを拭きます。仕上げに糸くずを残さないリントフリーの布で乾拭きするときれいになります。

昔は窓ガラスを磨くときは、新聞紙を使っていましたが、最近の新聞紙は紙質がよくなってガラス磨きには適していないようです。

そこで私は、日本にいるときは、読み終わった古いマンガ雑誌のページをちぎって窓掃除に使いました。これには昔の新聞紙と同じ効果があるのでとても便利です。

窓のガラス磨きには、玉ねぎやじゃがいもを切って、断面でこするという方法もあります。断面が汚れてきたら、その部分をスライスして使います。マンガ雑誌、玉ねぎ、じゃがいも、いずれの場合も、仕上げに乾いた布で拭くとピカピカになります。

室内のカビ対策

私は寒い冬でも1日5分、窓を開けて風を通し、家の中にこもった空気を一掃します。日本は特に湿気が多いので、家具などで風の通り道を塞がないように配置を工夫するといいと思います。

好きな匂いに包まれて心もからだも癒される工夫

朝のコーヒーの匂い、季節の花々の匂い、森の土の落ち着いた匂いや、摘みたてのトマトの青い匂いが好きです。好きな匂いに包まれると心もからだも癒されます。私の祖母は食事のあとに必ずお香を焚いていました。お腹がいっぱいになったところでいい香りに包まれるとリラックスできますよね。このお香にはこうした鎮静効果の他に、部屋に食べものの臭いが吸着するのを防ぐ役割もあったようです。

そんな時間を大切にしたいから、私もいやな臭いが染みつかないよう換気を心がけ、要所要所でちょっとした工夫をしています。

魚やタバコなどのいやな臭い

挽いてあるコーヒー豆をキッチンに置いておくと、魚や生ゴミなどの臭いを取り除くことができます。臭いが充満しているときは、コーヒー豆をフライパンでから煎りするとさらに効果的。コーヒー豆は出がらしのものでもいいですが、よく乾燥させてから使うのがポイントです。

また、お酢を器に入れて置いておくという方法もあります。お酢を火にかけると湯気がいやな臭いを吸着しますが、この場合は酸味を帯びた臭いが広がるので、窓を開けて追い出します。お酢は活用範囲が広く、冷蔵庫やレンジまわりもお酢で拭くと臭い対策になります。

冷蔵庫の中の臭い・洗濯物の臭い

ベーキングパウダーを器に入れて冷蔵庫の中に置いておくと、庫内の臭いを取り除くことができます。1ヶ月毎に新しいベーキングパウダーに交換しましょう。

この方法は洗濯の際の臭い除去にも活躍します。洗濯槽の中に小さじ2杯ほど入れておくと、衣類についた汗やタバコの臭いを取ることができます。この他、いったんお酢入りのお湯につけてから洗うという方法もあります。

手についた臭い

レモンの絞り汁で手を洗うと、手についたいやな臭いを取ることができます。ヨーロッパでは、カニやエビなどを手で剥いて食べるときは、必ずテーブルの上にフィンガーボール（手洗い用の水）が置いてありますが、それにもレモンスライスを入れておくと臭いが残りません。

手についた臭いを除去するためのスチール製石鹸もあります。最近では日本の１００円ショップに置いてあることもあるそうです。

部屋の臭い

大きなボールに水とレモンスライスを入れて5分ほど電子レンジにかけ、臭いのこもった部屋に置いておくと、空気をきれいにしてくれます。これは仕様ずみのフィンガーボールのレモン水を使ってもOKです。

臭いがひどいときは、そこにクローブを加えると効果が高まります。電子レンジをかけたあとは、ついでにレンジの中も拭いておくと、レンジ内に染みついた臭いも取れるので一石二鳥です。

足や靴の臭い

足の臭いが気になるときは、シナモンを靴に入れておくと臭いを抑えられるといわれ、ドイツではシナモン入りの靴の中敷きも売られています。

また、汗などで靴そのものが臭くなったときは、チョークを1本入れておくと臭いがおさまります。

トイレの臭い

トイレを使用した直後の臭いを消すにはマッチが役に立ちます。マッチの頭薬に含まれる硫黄が燃えることで、いやな臭いを瞬時に消してくれるので、あとで入る人のことを気にしなくてすみます。ただし、トイレそのものの臭いはマッチでは消えないので、こまめに掃除していつも清潔に保つことが大切です。

ものを受け継いだら手入れ方法も聞いておく

私の実家にある木の大きなテーブルは200年ほど前につくられたものです。カップボードもひいおばあちゃんの代から使っているもので、どちらも長い年月を経て使い込まれた木ならではの温かい表情をしています。

私は母や祖母からものを受け継ぐときに、手入れの方法も教えてもらいました。ものを受け継ぐということは、大切にする心をも受け継ぐということなのだと思います。現在、息子が使っているゆりかごは私の祖父の手づくりで、私が赤ちゃんのときに使っていたものです。息子が生まれたときにペイントをし直して、未だ現役です。

木製品の手入れの仕方

木製のテーブルやカップボード、床などは、ぬるま湯につけた布を絞って拭き、仕上げに乾いた布でもう一度拭きあげると、適度にツヤが出てきます。また、年に一度はオイルで磨くとツヤを保てます。私は亜麻仁油を使っていますが、オリーブオイルや大豆油のように純粋な植物性の油であれば大丈夫です。

衣類をカビや虫食いから守る

衣類の汚れは虫やカビの栄養になるため、衣替えの前にきれいに洗濯しておくことが基本です。洗ったあとは、スチームを使わずにアイロンをかけておくと虫食いやカビを抑えることができます。

こうしてひと手間かけておくと、ウールやシルクなど虫に狙われやすい動物性の繊維でも安心です。

衣類を箱にしまうときは、ぎゅうぎゅうに詰め込まず、通気性を保つことが大切です。ウールやシルクなどは上の方に入れましょう。

サビ落とし

ナイフなど小さなものにサビを見つけたら、一晩酢につけておき、翌朝布で拭き取るとサビが落ちることがあります。

工具などの大きなものについたサビならば、アルミホイルをくしゃくしゃに丸めて酢にしばらくつけておき、取り出してサビの表面をこすります。サビが取れたら、オイルを少しぬっておきましょう。

ものについたカビ

カビは健康を害するので捨てるのがいちばんですが、カビが生えても持っていたいものであれば、しっかり洗ってからできるだけ長い時間天日に干します。汚れやホコリはカビの大好物ですから、掃除して清潔に保つようにしましょう。

汚れたジュエリー

ゴールドのアクセサリーがくもったときは、玉ねぎをすりおろした汁に一晩つけておきます。翌朝、洗ってから乾いた布で拭くと、本来の輝きが戻ります。玉ねぎをカットして、その断面にアクセサリーをこすりつけるという方法もあります。この方法は、昔、私

が祖母からゴールドのネックレスを受け継いだときに教わった方法です。彼女は私にものを与えるだけでなく、そのものを大切に維持する方法も教えてくれました。

メガネのクリーニング

メガネのレンズをきれいにするには、ウォッカやお酢を数滴垂らし、乾いた布で拭きあげると手垢やくもりが取れます。この方法には殺菌効果があるので、フレームの部分もきれいにしましょう。

スムーズに動かない引き出し

引き出しの滑りが悪くなったら、いったん出して裏返し、引き出しの角にロウソクをこするとスムーズに動くようになります。こすりすぎるとロウの細かいカスが出るので、最後に刷毛を使って余分なロウを落としておきましょう。

ラベルをきれいにはがす

接着してあるラベルや値札をはがしたいときは、ラベルに直接ドライヤーをあてると、その熱で接着剤がやわらかくなってはがしやすくなります。

最後まで食材をおいしく使う小さなアイディア

私は食べものをできるだけ無駄にしたくありませんから、食材の鮮度をできるだけ保てるよう、保存の方法も工夫しています。

じゃがいもなど、土の中で育った野菜は冷暗所に置いておきます。ドイツではじゃがいもをよく使うため、大量に購入して地下にある食料庫に置いておきます。そのときりんごを一緒に置いておくと、りんごから出るガスがじゃがいもの発芽を抑えるため長持ちします。

またひとつずつ新聞にくるんで保存するのもじゃがいもの鮮度を保つコツです。

角砂糖でチーズを長持ちさせる

タッパーなどにチーズと角砂糖を一緒に入れて保存すると、角砂糖がチーズの湿気を吸い取り、カビの発生を抑えます。角砂糖のかわりに、お米やドライパスタでも同じ役割をします。

保存ケースに入れない場合は、チーズをワックスペーパーで包んでおきます。チーズを密封しすぎると味を損なうので、ラップより紙製のものがおすすめ。

私はビールに浸して軽く絞った布でくるんで保存することもあります。

使いかけの玉ねぎの保存方法

玉ねぎが余ってしまったら、切り口にサラダオイルをぬってラップにまいておくと、2〜3日は新鮮な風味を保ちます。

手づくりジャムを長持ちさせる

つくりたての熱いジャムを瓶に入れたら、最後にラム酒を少し入れて火をつけ、その状態でフタを閉めるとジャムの味がよくなり、長持ち効果もあります。

あまったビール・ワインの活用法

ビールやワインを肉にかけ、しばらくおいてから料理すると肉がやわらかく仕上がります。お酢でも同じ効果がありますが、その場合はほのかに酸味が残り、いい味わいが出ます。ドイツにはお酢を使ってローストする肉料理もあるほどです。

パセリは冷凍保存

パセリは一度に使い切れないので、私は買ってすぐに冷凍保存し、使う分量だけ取り出して、手でもみ崩して使っています。そうすると、色も鮮やかなまま使えます。あらかじめ、細かく刻んでから冷凍しても大丈夫です。

食べられるものを使って肌にやさしいお手入れを

日本には歌舞伎や芸者さんなど歴史の中に化粧の文化がありますが、ドイツにはそのような文化が育っていません。特に80年代以降は、エコや自然志向が広まったせいか、外出するときでも化粧をしない女性が多いようです。

私も普段はほとんどノーメイクです。肌をカバーするのは好きではないので、出かけるときもファンデーションはぬらず、マスカラとアイライン、口紅で軽く整えるくらいです。

スキンケアも簡単なもので、朝は顔を洗ったあとにUVクリームをぬっておわり。夜も洗顔したあとに保湿クリームを軽くぬるだけです。パッティングやマッサージもほとんどしません。私の肌のお手入れといえば、キッチンにあるもので自家製パックをする程度です。

パックにいちばんよく使うのは、「クワルク」という脱脂乳からつくられるフレッシュチーズとキュウリの組み合わせです。

クワルクはドイツの家庭では定番の食材ですから、どこの家にもあります。洗顔のあとこれを肌にぬり、その上にスライスしたキュウリをのせて待つこと10分。あとは顔を洗うだけですが、十分に肌にうるおいが出てきます。

クワルクはチーズといえども濃いヨーグルトのようなテイストです。日本では手に入りにくいと思いますが、パックにするときはヨーグルトでも代用できます。

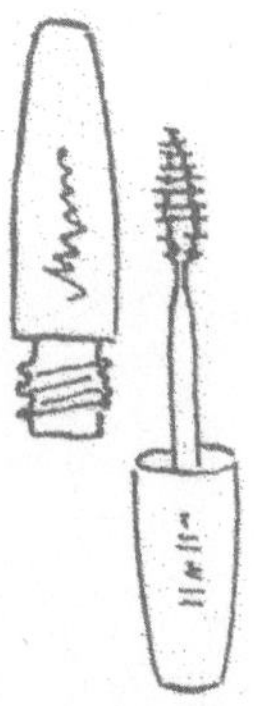

日焼けのあとは

クワルクまたはヨーグルトに蜂蜜を混ぜてパックすると、日焼けによるほてりを冷まします。ひんやりして気持ちいいです。

肌の乾燥とニキビ防止

咳止めのページでご紹介した方法でカモミールティーの湯気に顔をあてると、肌がやわらかくなります。カモミールには殺菌効果があるので、ニキビ防止にも役立ちます。

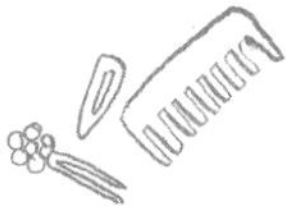

唇が荒れたら

夜寝る前に、唇に蜂蜜をぬっておくと翌朝にはしっとりします。生クリームまたは無塩バターをぬるというのも簡単なケア法です。唇の荒れは乾燥のサインですから、よく水分を摂って、寝るときには加湿器の使用をおすすめします。

ヘアケア

卵黄は健康な頭皮によいといわれています。シャンプーのあと、溶いた卵黄を髪につけてやさしくマッサージして、5〜10分おいてからぬるめのお湯で徹底的にすすぎます。

…nd Rezepte an Mama, Traudi, Anna, Gerda
…n Papa, Helmut, Paul, Dominik und Vincent!

おわりに

この本はひとりで一気に制作したわけではありません。４年間ゆっくり進展していて、たくさんの人とつながっている作品です。日本に住みはじめなかったら、日本語を勉強しなかったら、日本でドイツ料理教室を開かなかったら、友達の応援がなかったら、編集者の信頼もなかったら、この本は今、あなたの手にはありません。だから、ありがとうを捧げたい人がたくさんいます。

私の家族の女性すべて。暮らしのヒント、小技、家庭薬などを一生懸命私のために調べてくれました。私の知恵袋です。私の家族の男性陣。特に、夫と息子。私がしばらくの間、家庭より本づくりを選んだことを許してください。

東京にいる友達の田尾ちゃん、Florence ＆ マサ。いつも応援してくれて、私がこまめに連絡取れないことを大目に見てくれてありがとう。日独協会の宮本さんと菊

Vielen Dank für Haushaltstipps, Kindheitserinnerung

und Margit und für die moralische Unterstüt

池さん。ドイツ料理教室のイベントをきっかけに、「シュタッムティッシュ」のケータリングもやらせていただきました。それはそれは大変でしたが、楽しかったです。ナオッチを中心にしているケータリングチームと一緒に和食とドイツ料理の fusion cuisine を60人分までつくって、いい経験でした。

ヘアサロンというより、現代美（容）術の研究会である boy、ありがとう。特に Dai &料理部のあやさん、部長のはやとさん、たなさん。代官山の秘密基地や ATTIC で素晴らしい料理&アート関係のイベントを行いました。MIFA（目黒区国際交流協会）のボランティアさんたち。本当に何回も助かりました！ 日本語会話サロンでは料理教室のために、私の下手な翻訳のレシピをたくさん校正してくれましたね。目黒近辺の親切な人たちと知り合えてうれしかった。Niki's kitchen 英語料理教室のニキさんと私の教室に参加してくださった生徒さんたち。日本で料理教室を開くチャンスを与えてくださって、本当に勉強になりました。そしてこの本を手に取ってくれたあなたに感謝します。

ヴィルヘルム

ヴィルヘルム　グドュルン

イラストレーター・料理研究家
南ドイツ生まれ。大学でデザインとイラストレーションを学ぶ。デザイン会社で働きながら、ドイツ各地をまわり、その地のおばあちゃんに料理のつくり方を教わる。夫の仕事の都合でニューヨーク、中国、オーストラリア、アルゼンチン、日本に住み、ドイツ料理の教室を開く。狭い日本の台所でもできる料理教室が評判となる。おばあちゃんから習った合理的で豊かな生活を現代にアレンジしたライフスタイルが話題となっている。
URL　http://www.pigmentpixel.de/

森の国から届いたおばあちゃんの知恵

2013年4月20日第1版第1刷発行

著　者　　ヴィルヘルム　グドュルン
発行者　　玉越直人
発行所　　WAVE出版
〒102-0074　東京都千代田区九段南4-7-15
TEL 03-3261-3713　FAX 03-3261-3823
振替 00100-7-366376
E-mail:info@wave-publishers.co.jp
http://www.wave-publishers.co.jp

印刷·製本　萩原印刷

NDC498　160P　19cm　ISBN978-4-87290-619-6